2024年NHK大河ドラマ

松村邦洋「光る君へ」を語る

まさかの

プレジデント社

はじめに

どうも、こんにちは。松村邦洋です。歴史YouTuberとして『松村邦洋のタメにならないチャンネル』をやってる延長で、おととしからＮＨＫ大河ドラマについて好き勝手にしゃべりまくる本を出してます。この本で3冊目ですね。２０２２年の『松村邦洋「鎌倉殿の13人」を語る』と、２０２３年の『松村邦洋 今度は「どうする家康」を語る』は、どっちもすっごくよい反響をいただきました。本当にうれしいです。

そして、24年の『光る君へ』は、主人公がなんと紫式部。世界最古の大長編恋愛小説『源氏物語』の作者ですよ。驚きましたよね、ええ。女の人が主人公っていうだけなら、『おんな城主直虎』（２０１７年）の井伊直虎、『花燃ゆ』（２０１５年）の吉田松陰の妹・杉文、『江《ごう》～姫たちの戦国～』（２０１１年）では徳川秀忠の正室の江と、もう当たり前になってるくらいですけど、どれも武将や偉人にゆかりのある人、奥さんとか妹とか娘さんとかじゃないですか。それが、作家さんっていうんですかね、政治とか戦とかからあんまり縁のなさそうな文化人が主人公って、ちょっと今まではなかったんじゃないですかね？

実は、紫式部だって単純に小説がうまかった貴族の人ってわけじゃないんですよ。ちょうど皇后陛下の教育係みたいな役割を任されていた人なんですよね。天皇家の人にヘタなことを教えられませんから、それはそれは賢くて深くて広い教養が必要じゃないですか。で、そんなすごいポジションに式部を引っ張り上げたのが、何と、あの藤原道長なんです。

学校の歴史の授業で覚えておられる方も多いと思いますけど、道長は、摂関政治を推し進めて藤原氏の全盛時代を作り上げた人です。その道長が、紫式部が書いた日記『紫式部日記』には、〝殿〟って呼び名でしょっちゅう出てくるんですよ。『光る君へ』は、この2人が軸になってストーリーが展開するんですね。

これまで大河ドラマが扱った時代で一番古いのは、『風と雲と虹と』（1976年）の平安時代中期。平将門ですよ、935年に関東で天慶の乱を起こして、京都の朝廷にタテついた。実は、ボクが小学校3年の時に初めて見た大河がこれだったんです。主演の加藤剛さんが演じた平将門がすごくカッコよくて、それ以来、今まで放映されてきた大河ドラマはほぼすべて観ています。ボクが大の歴史好きになった原点なんですよ。

で、紫式部と道長が活躍したのはその60〜70年くらい後、西暦1000年前後です。

本文の中で詳しくお話ししますけど、この頃にはもう藤原氏が天下を取ってるんです。天皇家の側を固めてね。ところが、今度はその藤原氏の中でドロドロの権力闘争が始まるんです。『鎌倉殿の13人』（２０２２年）で、平家を滅ぼした後に殺し合った鎌倉の御家人たちみたいですよね。

ボクは大河ドラマを通して歴史をずーっと学んできました。だから、歴史上の事実と大河の脚色とがごっちゃになってるところがあるんですね。でも、『光る君へ』は、同じ時代を扱った大河ドラマが過去の62作品の中で１つもない。このへんの歴史の知識とか流れとかは、ボクも全然つかんでいなかったんです。

そこで、頑張ってイチから勉強しました（苦笑）。「ええッ⁉　そうだったのか！」「なるほど、そういうことか！」などなど、初めて知ったことが山ほどありましてね。そういう「へえ⁉」なお話を、この本にギュウギュウと目一杯に詰め込みました。『光る君へ』は、これまでとは全然違う大河になるんじゃないかと感じています。２０２４年の１年間、この本を通してみなさんと一緒に楽しめたらなあ、と思っています。

２０２３年12月

松村邦洋

『光る君へ』人物相関図

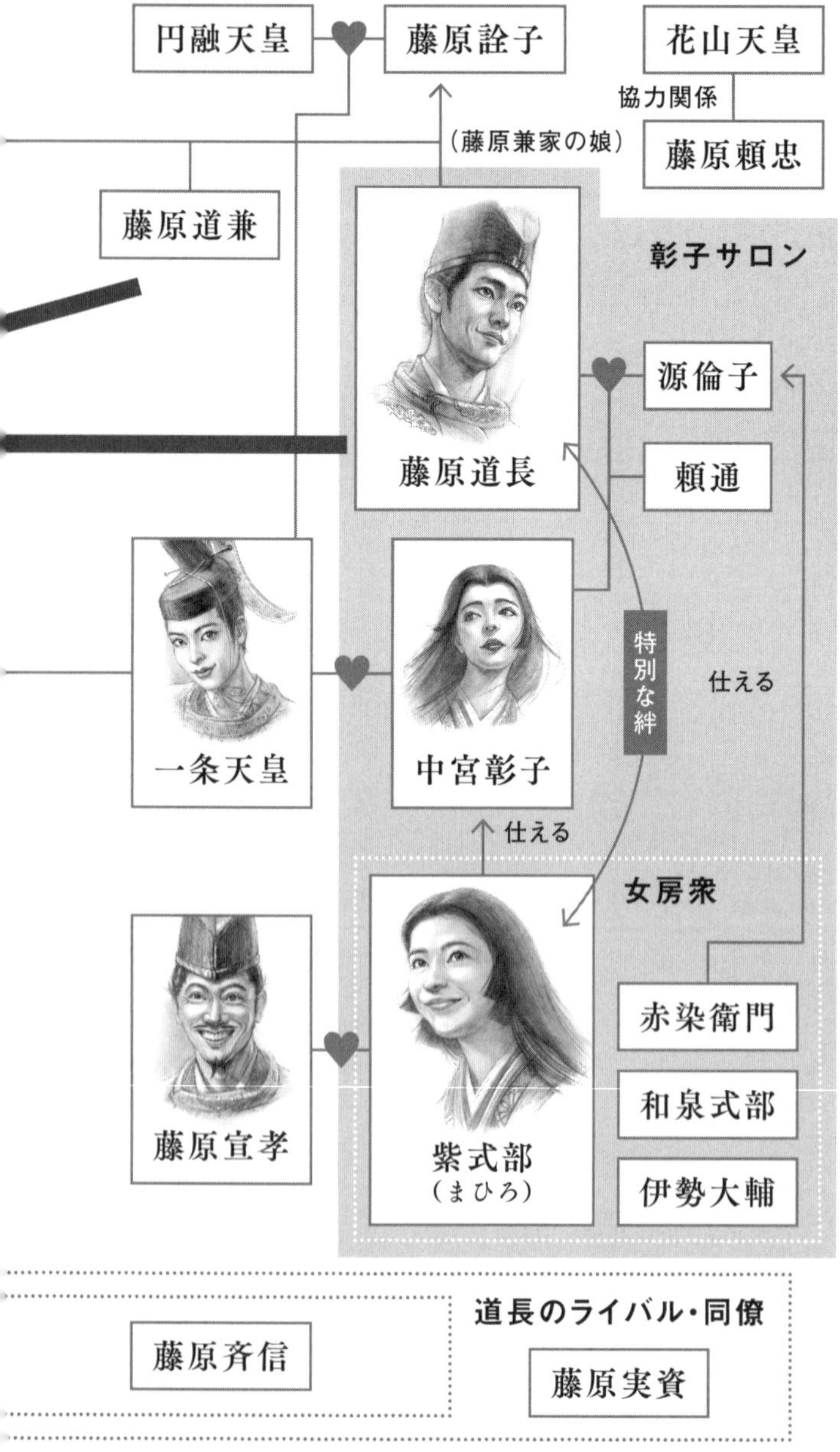
円融天皇
藤原詮子
（藤原兼家の娘）
花山天皇
協力関係
藤原頼忠
藤原道兼
彰子サロン
藤原道長
源倫子
頼通
一条天皇
中宮彰子
特別な絆
仕える
仕える
女房衆
藤原宣孝
紫式部
（まひろ）
赤染衛門
和泉式部
伊勢大輔
道長のライバル・同僚
藤原斉信
藤原実資

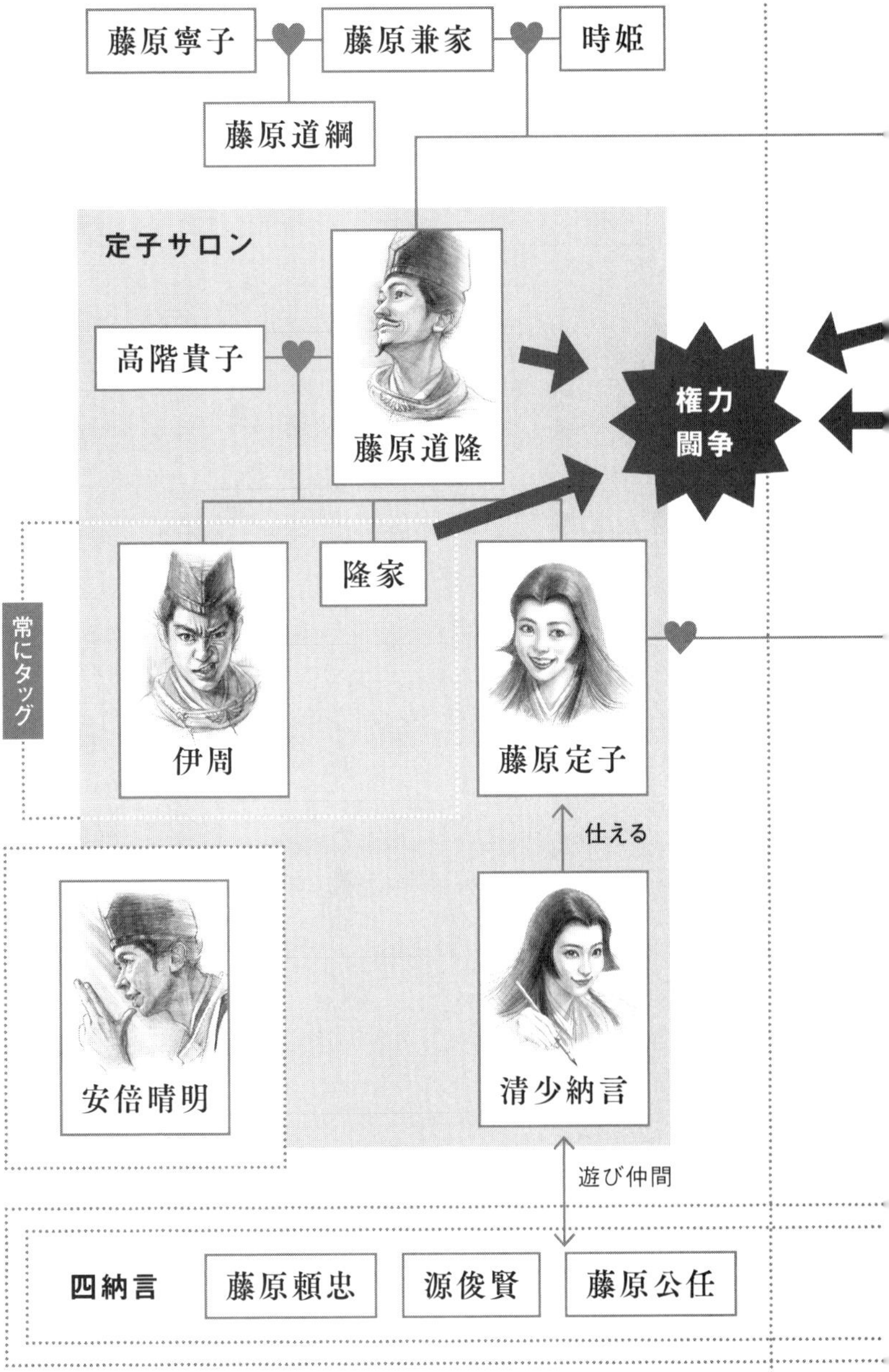
藤原寧子
藤原兼家
時姫
藤原道綱
定子サロン
高階貴子
藤原道隆
権力
闘争
常にタッグ
伊周
隆家
藤原定子
仕える
安倍晴明
清少納言
遊び仲間
四納言
藤原頼忠
源俊賢
藤原公任

第1章 衝撃……今度の大河ドラマはセックス&バイオレンス

紫式部を押し倒しちゃう藤原道長 …… 61

第2章 紫式部が『源氏物語』を書き始めて宮廷に入るまで

第3章

五男坊・道長は、こうしてテッペンを取った

道長の父・兼家が関白になるまで

兄2人の死、道長と甥っ子・伊周の対決 185

第4章 紫式部は見た！道長の素顔と宮廷のウラ側

エピローグ……263

第1章

衝撃……
今度の大河ドラマは
セックス＆バイオレンス

半グレ？　チーマー？
ワイルドな貴族たち

藤原伊周

脚本が『セカンドバージン』の大石静さん

さあ、2024年の大河ドラマ『光る君へ』ですよ。吉高由里子さんが演じる主役の紫式部は、皆さんご存じの通り、今から1000年も前に世界最古って言われてる54帖の大長編小説『源氏物語』を書き上げた方ですね。日本文学の最高峰が何とデビュー作で、しかもこれ1作で世界の文学の歴史に残っちゃった大作家さんですから、ものすごく賢い女性だったんでしょうね。

吉高さんは、初の大河が『篤姫』(2008年)の島津久光の娘の於哲役。今回が2度目だそうですね。ボクは直接お会いしたことはないですけど、すごく気さくでいい人だって聞いてます。映画『蛇にピアス』(2008年)がありましたね。連続テレビ小説(朝ドラ)の『花子とアン』(2014年)でオーディションなしでヒロインに抜擢っていうのもすごいけど、高校1年のときに原宿でウィルコーポレーションからスカウト、そのウィルが後でアミューズに統合されて……と、交通事故にも遭いながらもその後は順調なお仕事ぶりですね。

『光る君へ』の原作・脚本は大石静さん。『セカンドバージン』（2010年、NHK）とか、ラブストーリーの第一人者ですね。浅野ゆう子さん、石田純一さんの『長男の嫁』（1994年、TBS系）、面白かったですね。朝ドラなら『ふたりっ子』（1996年）、大河ドラマなら『功名が辻』（2006年）。土佐藩主・山内一豊が上川隆也さんで、妻の千代を演じた仲間由紀恵さんがこれで国民的女優になったんですよね。Netflix（ネトフリ）でも宮藤官九郎さんと共同で『離婚しようよ』の脚本を書いておられます。

女の人が主人公で面白いお話が書ける人って、すごいなとボクは思いますね。大河でいえば『八重の桜』（2013年）の原作の山本むつみさんとか、『篤姫』の田渕久美子さんとかもそうですね。今回、やっぱり恋愛ものになるんでしょうね。下ネタではなくて、女性がうっとりするような女性目線でのドラマ、『セカンドバージン』みたいな感じで描くと、女性ファンに響くんじゃないかと思います。

吉高由里子さんの衣装合わせを見て「イケる」

大石さん、ゲストで登場したホイチョイ・プロダクションの馬場康夫さんのＹｏｕＴｕｂｅチャンネル『ホイチョイ的映画生活～この1本～』や、週刊文春「阿川佐和子のこの人に会いたい」（２０２３年9月7日号）で、『光る君へ』についていろいろお話しされてますね。

吉高さんについては、当たり前ですけど激賞してますね。「由里子姫は、今人生のピークという輝きを放ってるし、平安顔でもあり、衣装も髪も猛烈似合います。すごくきれいよ」「スタッフみんな、彼女の衣装合わせでの姿を見て『これはイケる』ってやる気が出たって言ってました」。これは本気にしていいんじゃないでしょうかね。

『華麗なる一族』と『ゴッドファーザー』

製作発表から間もない頃に、大石さんは吉高さんといっしょに開いた記者会見で、すごいことを言っておられましたね。「驚くような〝セックス・アンド・バイオレンス〟を描きたい」って。ちょっとビックリしましたよね。いや、大丈夫なんでしょうかね。コンプライアンスとか何とかがうるさい時代に、よりによってNHKが日曜日の夜8時に正面突破するおつもりなんでしょうかね、しかも大河で……。

もし『源氏物語』をそのまんまドラマでやったとしたら、皆さまもよくご存じの通り、光源氏ときれいな女性たちとのLOVEなシーンがてんこ盛りになりますよね。そうじゃなくても、実際の宮中って、狭い世界で男女関係もかなり乱れてたそうですから、もしかしたら、その辺を深掘りしてワクワク映像にしてくれるのかも。際どいセリフもオブラートに包むと、逆にコーフンしちゃいそうですけどね。

大石さんがもう一つ言っておられたのは、「山崎豊子さんの『華麗なる一族』と映画『ゴッドファーザー』を足して3倍にしたような、すごい権力闘争」。藤原氏って、武士の時代になってからはあんまり目立たないですけど、1000年以上も前からずーっと天皇家の周りから離れないハイソな方々。もしかしたら、日本の歴史で一番の「華麗なる一族」かもしれませんね。しかも、競争相手にウラから手を回してハメたり、濡れ衣を着せたり、呪いの術をかけたりね。そういうすっごいドロドロした権力闘争が伝統というか、お手の物ですからね。

それに、平安貴族でバイオレンスっていうのも、すぐにはピンときませんよね。これまで大河ドラマに出てきた貴族の男って、だいたいカッコよくて男らしい主人公の武士たちとは逆に、オシロイ塗った顔に小さくて丸い眉毛が2つあって、しかもお歯黒とか塗ってるときもありましたから、なんかナヨナヨしててケンカなんかしなさそうだったじゃないですか。

光源氏は劇中劇で登場するのか、しないのか

いや、実はそんなこと全然なくてですね、後でお話ししますけど、殺し合いや殴り合い、暴力沙汰、刃傷沙汰なんかがしょっちゅうあったんですよ。いいとこのボンボンどうしが徒党を組んで、女性を強●したりとかね。昔々の太陽族とか、80年代の暴走族や90年代のチーマー、半グレみたいなヤカラをイメージしたらわかりやすいかもしれませんね。

紫式部が『源氏物語』に出てくる光源氏やそのライバルの頭中将とかを、教養が

あってスマートで女の人にやさしくて、暴力なんかとは無縁な理想の男性として描いたのは、そういうヤカラが少なくなかったから、「こんな男がいたらなあ」っていう願望がけっこう入ってるのかもしれませんね。

一つボクが気にしてるのは、『源氏物語』をどう使うか、なんです。やっぱりタイトルを『光る君へ』で思いっきり光源氏に寄せてますから、劇中劇で別の俳優さんたちを立てて、リアル・ワールドと並行してやるのかな？ というね。『源氏物語』に出てくる天皇家とかその周りの華麗なる一族の、特に紫の上、夕顔、藤壺中宮、六条御息所《ろくじょうのみやすんどころ》……とすごい美人がどんどん出てきたら、華やかだし面白くなるでしょうね。

ただ、2023年11月の時点で『源氏物語』の配役はまったく発表されてません。劇中劇では描かないのかもしれませんね。もしかしたら、イラストやアニメで表現するんでしょうか。それか、キャストは後から徐々に発表して盛り上げていく、とか。『どうする家康』（2023年）の北川景子さんみたいな1人2役もあり得ますね。

「韓流時代劇」で日本の歴史を描く？

ＮＨＫのプロデューサーとディレクターの方は、大石さんに脚本を頼むときに「歴史そのものを知らなくてもついつい見てしまう韓流時代劇みたいに、平安時代を料理できないか」と持ちかけたそうです。大石さんご自身は「日本人として日本の歴史を描く意思が必要だから、韓流の真似ではできない」ってハッキリおっしゃってますけど、実際に韓流ドラマを何本もご覧になって、いろいろなテクニックは参考になったとか。『光る君へ』は恋愛のウェイトも高そうだし、歴史の見せ方で学ぶところはけっこうあったそうですよ。

実は、紫式部は生まれた年も死んだ年もハッキリとはわかっていないんですね。973年生まれ、1031年に死んだっていう説もあるそうですが、とにかく西暦970年代の中頃に京都で生まれたそうです。それだけじゃなくて、昔の女性にはありがちですけど、本名もわからない。紫って姓じゃないんですよね。たぶん、『源氏物語』が宮中で評判になって、その中で登場する紫の上っていうヒロインがいて、そこからそう呼ばれるようになったんじゃないかって言われてます。他にも藤《とう》式部という呼び名もあったそうですけどね。でも、すごく長い小説ですから、書いた人は3人ぐらいいたかもしれませんね。藤子不二雄みたいに「紫・F・式部」とか。

で、あの藤原家の血筋です。飛鳥時代、645年に起きた大化の改新……というか、今じゃ乙巳《いっし》の変って言うそうですけど、あれで中大兄皇子といっしょに蘇我入鹿を暗殺したのが中臣鎌足……が変わって藤原鎌足。この方がご先祖様ですね。その後は奈良時代を経て平安時代に大いに栄えて、その後の鎌倉、南北朝、室町、戦国、安土桃山、江戸と長い長い武士の時代も朝廷をずっと支えてて、実は1000年以上経った今でも近衛、一条、九条、鷹司《たかつかさ》、二条——この順番にえらいんだそうです——の「五摂家」として皇室の周りにいる藤原家。紫式部はその一族だったんです。

藤原道長は、紫式部のパトロンだった

紫式部はなぜ、歴史に名前を残すことができたのか？　もちろん『源氏物語』を書

いたからですけど、ただ好きで小説を書いていてただけじゃ、その作品は世の中に出回りませんよね。『源氏物語』の中身は、どうしてみんなに行き渡ったんでしょうかね？あの頃は町の本屋さんもアマゾンも、ましてやキンドルもないから、『源氏物語』がベストセラーになって名前が売れたわけじゃありません。

そりゃ当たり前でして、ネットどころか紙に文字を大量に印刷する技術もなくて、書かれたものをいちいち何枚も筆写してたんですね。だいいちあの頃は、紙じたいがものすごく高くて貴重だったんですよ。今みたいに誰でも好き勝手に文章を書き残せたわけじゃないんですね。

紫式部が『源氏物語』を書き続けることができた大きな理由の一つ、それは地位とおカネを持った人が紫式部を〝見つけた〟からなんです。もちろん、頭が良くて才能があって、ものすごく勉強した人だったんですけど、後世に残るようなすごい作品を作るにはそれだけじゃダメでして。芸術っておカネがかかりますよね。作品の材料を買ったり、作るための作業の場を用意したり、出来上がるまでの間に作者がゴハンを食べられるようにしたり。

だから芸術家にはパトロン、つまりその才能に惚れて、ファンになってお金を出してくれる人がいないと、なかなかうまくいかないんですね。タニマチとちょっと似てますかね。タイガースの選手を連れて北新地を飲み歩くお金持ち、みたいなね。

で、当然、紫式部にもパトロンはいました。それが誰だったと思います？　何と何と時のナンバーワン権力者、あの藤原道長だったんです。

道長くらいの有名人なら、日本史の教科書でも太字で名前が載ってますから、ご存じの方も多いと思います。そうそう、摂関政治ですよ。摂政・関白っていう政治の2トップのポジションを、道長とその親族・子孫が独り占めするんですよ。自分の4人の娘を全員天皇と結婚させて、「この世をば 我が世とぞ思ふ 望月の 欠けたることもなしと思へば」って、独裁者というか権力のシンボルみたいなエグい人です。その一方の紫式部はミヤビでたおやか、今も世界に向かって「日本にはこれがある」と堂々と自慢できる大長編恋愛小説の作者ですよ。同じ平安時代でも教科書の別々のページに出ている2人が、こういう形でつながっていたんですね。

紫式部と道長♡自由自在の書き放題

道長役は柄本佑さん。大石さんが「セクシー」って言ってますね。佑さん、2024年はいい年になるんでしょうかね。奥さんの安藤サクラさんもノッてるし、柄本家は強いですよね。配役は大石さんが決めたんでしょうかね？　インタビューでは「三谷幸喜さんみたいに、配役に口を出すことはあまりないんです」っておっしゃってましたけどね。

ただ、大石さんは何かのチョイ役で出ていた長谷川博己さんを、「何かカッコイイから」と『セカンドバージン』の鈴木京香の相手役に強く推して、それが大ヒットにつながったっていう実績もあります。浅野ゆう子さんが、エキストラや脇役をやってた唐沢寿明さんに「あなたはもっといいとこの事務所に入ってやらなきゃダメ」と言ってご自分の在籍事務所の研音を紹介したのと似てますよね。もちろん、柄本さんはもうチョイ役やってるような人じゃないですけど。

道長と紫式部とでは、実際は10歳くらいトシが違いますけど、紫式部とは幼馴染っていう設定でいくんですね。最終的にすごい老けメイクになるんでしょうかね。2人が若い頃に出会ったっていう記録はまったくないから、大石さんはもう自由自在、書き放題なんじゃないですか。最近の大河でやってるあんな新事実、こんな新事実の練り直しをしないからこそ、大石さんにお願いしたのかもわからないですよね。

正しい読みは「せい・しょうなごん」

もう一人、この時代は日本人なら誰もが知ってる超有名人がいましたよね？　そうそう、清少納言ですよ、『枕草子』を書いた。出だしが有名ですよね。「春はあけぼの。やうやう白くなりゆく山ぎは」ってね。紫式部の『源氏物語』は小説ですけど、『枕草子』は清少納言本人が見たり聞いたりしたことをもとに書いたエッセイ。今で言えばブログとかnoteとか言う人もいますね。

ちなみに、名前の読み方は「せいしょう・なごん」じゃなくて、「せい・しょうなごん」だそうです。最初の「清」は「清原氏」を略した「清」。後ろの「少納言」は官職の一つの名前で、お父さんか親族に少納言という職に就いた人がいるんじゃないですかね。演じるファーストサマーウイカさんの名前も長いですけど、これは本名の初《うい》夏《か》をもじったお名前だそうですね。寺門ジモンさん方式って言われてます。

大河だけじゃないですけど、歴史のドラマは実際に会ったって記録が残っていない有名人どうしでも、作家さんや脚本家の方があちこちの昔の記録なんかを引っくり返して当時の時代背景を調べまくったうえで、うまーく仕立てたストーリーに沿って仲良くしたりケンカさせたりするんですよね。ボクみたいな大河好き、歴史好きは「ああ、ほんとにいっしょにこんなことしてたのかもなあ」と、わけもなく嬉しくなっちゃうんですよ。

で、吉高さん、柄本さん、そしてウイカさんは、ドラマの中のどんな場面でどう絡むのかな、とボクは今から妄想してるんですけど、実は、紫式部はこの2人についてけっこういろいろ書き残してるんですよ。『紫式部日記』には、10歳くらい年上の道長がちょくちょくナマで登場して、親しく会話を交わしてもいるんです。紫式部は道長を「殿」って呼んでましてね。紫式部が「殿」を敬っているのが、その文章からよくわかるんです。

ところが、正反対なのが清少納言について書いてるところでしてね。道長と同い年の〝先輩〟に対して、いやもう、ボロクソなんですよ（笑）。この辺の詳しいところは後でお話ししますけど、こういう態度の違いにもそれなりに理由があるんですね。大きく関係しているのが、この3人の宮中でのポジション。しかもこれが、道長がのし上がっていくときのドロドロの権力闘争と大いに関わってきます。そこをあらかじめ知っておけば、『光る君へ』はきっとぐーんと面白くなりますよ。

そこで、この3人のポジションのお話をする前に、この『光る君へ』の時代に至る少し前の時代、藤原氏がどうやって朝廷の権力を独占することになったのかを、ちょっとお話ししときますね。

政敵をどんどんツブしていった藤原氏

『光る君へ』の舞台となる時代は、西暦1000年の前と後くらい。ちょうど

1000年ちょっと前です。この辺の時代には、歴史に残るような大きな戦ってないんですよ。だからこのあたりの歴史に詳しい人は、戦国時代や安土桃山時代、幕末ほどはいないかもしれませんね。やっぱりこう、戦があると時代がすごく激しく動くし、ドラマチックな一生を送った人が多いから興味を持ちやすいですし。ドラマにもしやすい。大河ドラマなら、1年間のストーリーにメリハリがつけやすいんじゃないですかね。

脚本の大石さんがNHKからこの仕事の依頼を受けたとき、最初は乗り気じゃなかったのは、ここら辺が理由だそうですね。「『平安』時代っていうくらいで、大きな戦はないし、人間関係だけで1年間なんてとても無理だと思いました」って。ほんとは山本五十六なんかをやりたかったみたいなんですね。「昭和をやったらいいんじゃないの？　山本五十六とか」って。昭和の特に戦前・戦中なんかはもう、最近のことじゃなくて歴史ですしね。

ただ、弓矢とか刀を使わない朝廷の中の権力闘争は、そりゃもうドロドロですよ。その辺りに時代は関係ありませんよね。645年の乙巳《いっし》の変と大化の改新で蘇我氏を滅ぼして、一気に歴史の表舞台に出てきたのが藤原鎌足。その息子が不比等っていう超大物で、701年に大宝律令を定めて、日本の国を法律で治めるためのベースを作った人です。

で、不比等が死んだときに藤原氏は南家、北家、式家、京家に分かれて、その後は710年に始まった奈良時代から794年以降の平安時代に入ってからしばらくは、この中の式家が栄えたんですが、その座を北家が取って代わるようになります。これが後で道長や紫式部が出てくる一族ですね。そしてどんどん政変を起こして、藤原氏以外のライバルを次々とツブしていくんですよ。

政変が起きた年と、ツブされた他の氏をざっと並べると、左に並べたような感じ。下に名前が書いてある人が権力の真ん中から叩き出されたり、追放されたり、あるいは自殺に追い込まれた人たちです。

729年　長屋王の変　長屋王
740年　藤原広嗣の乱　(失敗)
757年　橘奈良麻呂の乱　(失敗)

764年　恵美押勝の乱（失敗）
770年　宇佐八幡宮神託事件　弓削道鏡
785年　藤原種継暗殺事件　大伴・佐伯氏らが首謀者
842年　承和《じょうわ》の変　伴健岑《とものこわみね》・橘逸勢《たちばなのはやなり》が首謀者
866年　応天門の変　伴善男・紀豊城らが処罰を受ける
888年　阿衡《あこう》事件　橘広相
901年　菅原道真の左遷　菅原道真
969年　安和の変　源高明《たかあきら》

いやー、密告とか、無実の罪を着せるとかでことごとく藤原氏にしてやられて、朝廷から追い出されてますね。770年のところの弓削道鏡は有名ですよね。時の女帝・称徳天皇が、宇佐八幡から「道鏡を天皇にしろ」という神託を受けたって言いだして大モメした人です。道鏡と称徳天皇の♡な仲を疑う声もあったそうですね。結局、和気清麻呂が正反対の「あいつを天皇にするな」という神託をもらったことで失敗し、道鏡は下野国――今の栃木県に追放されます。

350年間、死刑がなかった平安時代

学問の神様で有名な菅原道真は、藤原氏じゃなくて天皇が中心となっていい政治を行った、と後々言われた宇多天皇の時代――寛平の治って呼ばれてますね――に〝vs.藤原対策〟みたいな感じで右大臣に任命されて活躍したんですよね。でも、結局は藤原氏の巻き返しで無実の罪を着せられ、今の福岡県の太宰府に追放されてそこで亡くなりました。ただその後、京都で落雷に打たれて死ぬ人が続出したから、「道真のタタリじゃ」と恐れられ、朝廷があわてて名誉回復のために太政大臣の位を与えてます。

ちょっと脱線しますけど、天皇に取って代わろうとした道鏡のような輩を死刑にしないって、この頃の刑罰ってなんか優しいですよね？　死刑っていう刑罰じたいはあったそうですけど、実際に行われた一番重い刑罰が島流しとかの流刑で、斬首とかのコロシがないんですよ。ちょっと違うけど切腹というやり方が出てきたのもずっと後の時代ですからね。

実は平安時代は、810年から1156年まで約350年間、死刑の執行がなかったんだそうです。血を見てケガレるのを嫌ってたとか、仏教の影響とか、道真みたいに後でタタリがある怨霊をみんな本気で怖がってたとか、いろいろ理由があるようですね。道長や紫式部が活躍した時代は、丸々この時期に入ってますし、『源氏物語』なんて、誰かが刃物を抜く場面すら一つもないそうですよ。そういう意味では、平和な時代ではあったんでしょうけどね。

それはともかく、969年の安和の変で源高明――源氏といっても当時は貴族ですね――が左遷されて、藤原氏の敵はほぼいなくなりました。そこから先は、藤原氏ばっかり天皇家と血縁を結んでね。天皇を差し置いて好き勝手ができる摂政と関白というポストに藤原氏、中でも北家の人が代々居座ることになるわけです。鎌倉時代に将軍というポジションを形だけにして実権を握った北条氏の執権政治って、このやり方をパクったんでしょうね。

飛鳥時代から平安時代の真ん中まで約300年、藤原氏はしたたかに生き残って天下を取ったわけです。道長が生まれたのはちょうどその頃、966年でした。

もう藤原氏が天下を取っちゃった後の時代

というわけで、『光る君へ』はもう藤原氏が天下を取っちゃった後の、藤原氏の北家の勢力が一番盛り上がった時代のお話なんですね。じゃあ何の争いもない、平和な時代だったかというと、さにあらず、でしてね。藤原北家の敵がいなくなったら、今度は藤原北家の中での争いが始まるんですよ。

『鎌倉殿の13人』で、平家が滅んだ後に仲間どうしで殺し合いを始めた御家人たちがそうでしたよね。共通の敵がいればいっしょに戦いますけど、その敵がいなくなれば、今度は内輪もめが始まるんですよね。兄弟は他人の始まりって言いますけど、こうなったら血を分けた兄弟も即ライバルですよ。ライバル芸人とかライバル俳優みたいなね。身内だからってほっとできるわけじゃない。さらにその兄と弟の後ろに派閥がついたら、もう争いは引き返せませんよね。

武士が割り込んでこないぶん、血生臭くなくていいんですけど、そのぶんやり方が陰険になるんですけどね。権力闘争って、人が集まって生活してる中では必ず起きるものなんでしょうかね。

出世のダークホースだった五男・道長

じゃあ、その権力闘争を道長がどう勝ち抜いていったのか。もちろん、長幼の序っていうのは昔からあったはずですけど、当の道長は長男でも次男でもなく、何と五男だったんですね。いくら名門でも、そこだけ見れば、目立たないただのお坊ちゃんなんですよ。

道長の家族はですね、お父さんが兼家、きょうだいが上から順番に道隆、超子《とおこ》、道綱、道綱の母の養女、道兼、詮子《あきこ》、道義、そして道長、綏子、兼俊と10人の子がいて、このうち長男の道隆、超子、道兼、詮子と道長の母親が、兼家の正室の時姫なんですね。だから、そのくくりだと道長は〝三男〟になります。

この時代に権力を握るには、何をどうすればいいのか。一言で言っちゃうと、天皇の外祖父――母親のお父さんになる、つまり自分の娘を天皇の后にする。そして、次の天皇となる男の子を産ませる。これなんですよ。後はその子の代理人ヅラして、好き勝手をするわけです。外戚政治って呼ばれてましてね。

で、まず道隆は989年、14歳の長女の定子を、3つ年下の一条天皇のいる内裏に入内《じゅだい》――皇后とか中宮になる人が正式に内裏、つまり今の皇居に入ることです――させて、その年のうちに皇后になります。ただ道隆の場合、これがかなり強引なやり方だったので、道隆は他の藤原氏からヒンシュクを買うんですが、さらにさらに、道隆は道兼、道長という弟たちではなく、伊周《これちか》、隆家《たかいえ》という自分の息子たちに権力を継がそうとするんですよ。その兄弟と甥っ子たちとの間で、えげつない事件がいくつも起こるんですね。

そこで最後に勝ち残った道長は、同じように1006年、長女・彰子《あきこ》を入内させて一条天皇とくっつけて、ほぼ天下を手に入れるんですよ。そして、次の三条天皇には次女の妍子を、そのまた次の後一条天皇には三女の威子と、次から次へと入内させるんですね。隠居してからは六女の嬉子まで、長男の頼通の養女ってことにして後朱雀天皇とくっつけるんですね。自分の娘4人全員を天皇の后にしたなんて、あとにも先にも道長だけなんですよね。

ちなみに、この時代の「子」のついた女性の名前を何て読むのか、例えば定子は「さだこ」じゃ怖いから「ていし」なのか、彰子は「あきこ」なのか「しょうし」なのか、古文書にフリガナは振ってないから、今となってはわからないんですよね。訓読みがどうも基本らしくて。今どきの感覚だと「こ」のほうが女性にはしっくりくるかもしれませんね。というか、「し」だとなんか冷たい感じもしませんかね？　だから、『光る君へ』ではぜんぶ「こ」で通すんじゃないかと思います。

もっとも、実家が藤原氏のお后様ばっかりってなんか嫌だったんじゃないでしょうかね、天皇家も。藤原氏の面々がみんなイケメンや美女ばっかりってわけじゃなかったでしょうし、そもそも彰子が産んだ三条天皇に妹の妍子が、その妍子が産んだ後一条天皇に、またまたその妹の威子が嫁いだわけですから、ちょっと血が濃すぎますよね。

ここで深く関わってくるのが、前にお話しした清少納言と紫式部のポジションなんですよ。説明がちょっと長くなりますけど、お付き合いくださいね。

通い婚だから、男はみんなマスオさん

　この頃の貴族って、嫁さんは何人もいてOKなわけですけど、『源氏物語』でもよく知られているように当時は「妻問い婚」と言って、夜な夜なダンナのほうが出向いて嫁の家に通うわけです。通い婚とも言いますね。

　出会うためには、知人や乳母からの紹介で、「あそこの家の娘は美人だよー」とかいう噂を聞いた男がその家をのぞきに行きます。女の人のほうにも男の情報は渡すんですけどね。で、男は仲介者を立てて嫁さん側、特にお父さんのOKをもらって露顕《ところあらわし》、つまり披露宴を開くんですね。婿入り婚が基本でしたから、ざっくり言って男はみんなマスオさんだったってことですかね。できた子どもは嫁さんの実家で育てますから、やっぱりそこで一番えらい人、つまり嫁さんのお父さんが力を持ちます。そこが摂関政治のベースなんですけどね。ですから、結婚した後もお父さんから「お前、ダメだ」と言われたら、婿どのは離婚しなきゃいけない。妻問い婚はぱっと見でオトコが有利に見えますけど、意外とそうでもなかったんですね。

もっとも天皇みたいに、お舅さんが絶対ノーと言わない引く手あまたなダンナなら、それこそ相手はよりどりみどりなわけで、しかも一夫多妻ですからね。後ろめたい気持ちなんかもたずに何人もの嫁さんとセックスできるし、究極では気に入った女性のところにしか行かなくてもいいってことじゃないですか。

すると、天皇に好かれて足を運んでもらえるような魅力をどう身に付けるのかが、嫁さんとそのお父さんにとっての大問題になります。もともとかわいかったりエロかったり美人だったりしたら有利かもしれませんけど、権力を持ってる人の娘がそうとは限りませんし、もしかわいくても天皇の好みに合うとは限らないですからね。

女房――将来の皇后候補の教育係

で、見た目以外の女性の魅力の基準になったのが、品格とか教養なんですね。自分の娘に、天皇に「おーッ！」と言わせるような教養を身に付けるには、どうしたらいいのか。学校のない時代ですから、身近に家庭教師を雇って娘に幼い頃からいろいろ教えるわけですよ。

その必修科目は、ざっくり言うと「和歌」「習字」「音楽」の3つでしてね。特に和歌。五・七・五・七・七のあれですね。10歳くらいから手習いと言って『古今和歌集』とかの昔の有名な和歌を丸々書き写して、習字の練習も兼ねて暗記して、春夏秋冬の季節の移り変わりとか、人の心の動きの機微なんかを勉強したうえで、自分でもいい和歌を詠めるようにレッスンを受けるわけです。

有名な和歌の最初の五・七・五、上の句を言われたら、すぐさま下の句を答えられるくらいは初歩のうちで、宮中の普段の会話でもそういう和歌に引っ掛けたシャレた会話や、和歌を投げかけられたら即興で和歌を作ってその場で返すっていうワザが使えなきゃならなかったんですよ。社交っていうのか、コミュニケーションっていうのか、とにかく天皇や貴族の出入りする寝殿では、それを身に付けるのが当たり前なんですよね。

だから、えらい人が自分の娘にそれを叩き込むためには、それを他人に教えられるくらいの教養の持ち主を置いておくことが必要になります。それが「女房衆」という女性たちなんです。女房といっても誰かの奥さんのことじゃなくて——以前は使用人っていう意味だったそうです――和歌や習字、音楽などのジャンルで一流の女性たちがスカウトされて、集められたわけです。

その結果、権力者を後ろ盾にした、将来の皇后候補を囲むサークルっていうか、文化人サロンみたいなのが出来上がったんですよ。

紫式部、清少納言は競合サロンのメンバー

そういうサロンが、当時は3つあったんです。1つ目が村上天皇（在位946～966年）の10番目の娘（選子内親王）が長年続けていたサロン、次に定子のサロン、3つ目が彰子のサロンで、この3つがお互いにメンバーである女房たちのみやびさや教養の高さ、深さを競り合ってたんです。「ウチの○子こそ皇后にふさわしい」ってわけで、バックアップするお父さんの道隆も道長も、それこそ当時の一流の文化人のメンバーを集めたんですね。

説明が長くなっちゃいましたが、ここまでくればもうおわかりでしょうね。紫式

部とか清少納言は、そのサロンのメンバーの一員だったんですよ。清少納言は定子の、紫式部は彰子のサロンに、それぞれスカウトされていたんですよ。清少納言は道隆が関白の座に就いた993年に、紫式部は道長が左大臣になって入内した彰子が19歳になった1006年に、それぞれ出仕――民間の人が公の職業に就いたってことです――してますね。

ということは、それぞれのサロンがそのまま道隆・道長兄弟の外祖父ポジション獲得バトルの最前線だったってことなんですよ（ここでは選子内親王のはいったん外しときますね）。

それにしても、女の人の知性とか教養がこんなに評価されていたのはビックリですよね。今、ようやく時代が追い付いた感じじゃないですか？　そんな意味では現代にフィットするお話じゃないですかね。

定子って、当然ですけど『枕草子』の中にバンバン登場するんですね。知的で華やかで聡明な美人で、年上のはずの清少納言が心底惚れ込んでいたんですね。対する彰子は、定子とは対照的に、控えめでわりかしおとなしいタイプで、紫式部が「もうちょっとハキハキしてもいい」と『紫式部日記』に書いたくらいジミめなんですけどね。道隆（とその息子の伊周、隆家）と道長、定子と彰子、清少納言と紫式部っていう3つのライバル関係が重なってるってことを踏まえとくと、『光る君へ』はグッと面白くなると思いますよ。

それにしても道長みたいな人って、最初は脇役にもならない存在でも、いつの間にかちゃんと順番が回ってくるように出来てるんですよねえ。江戸幕府の中興の祖って言われている8代将軍の徳川吉宗だって、徳川本家じゃなくて分家の紀州徳川家の血筋で、しかもその四男ですよ。そんなポジションにいた人が、家康の時代から100年ちょっと経って幕府が傾き始めたときに、しかるべき地位に就いてちゃんと仕事をしたわけですからね。道長もそういう運を持っていた人なんでしょうね。

カッコイイ系をそろえた俳優陣

藤原道長

代役の竜星涼さん、『ＶＩＶＡＮＴ』から大河ドラマへ

『光る君へ』の出演者、カッコイイ系がそろってますねえ。旧ジャニーズ系の方がいないですけどね。『どうする家康』では松本潤さんが主役で、信長役も岡田准一さんでしたし、それ以前から大河には主役も含めて旧ジャニーズのタレントが少なくないですけど、『青天を衝け』（２０２１年）にはいなかったですよね、草彅君が徳川慶喜役で出てたから。旧ジャニーズ事務所があいうことになったので、これからは大河だけじゃなくて、『紅白歌合戦』（ＮＨＫ）も変わるかもしれないですね。

藤原道長の甥・隆家を演じるはずだった永山絢斗さんが、大麻所持で逮捕されましたね。ちょっと変なところで話題になりましたけど、代役は竜星涼さん。さすがにお兄さんの瑛太さんじゃなかったですね、「許せないよ！」って言ってたけど。

竜星さん、日曜劇場『ＶＩＶＡＮＴ』（２０２３年、ＴＢＳ系）の公安刑事役で大活躍でしたね。生まれたのがこのときの役名と同じ山形県の新庄市ですか。これまでは、大河で株を上げた人が翌年から民放で活躍するってパターンが多かったんですけ

ど、日曜劇場から大河へ行くって、これまでとは逆の流れですね。日曜劇場って、キャスティングが大物ぞろいですごいですからね。東芝が降りても強力なスポンサーが入ってて強いですし。

藤原隆家は藤原北家という名門、しかもイケメンで武闘派っていう役回り。『光る君へ』でやるかどうかわかりませんが、失脚して追いやられた九州で、中国大陸の沿海州に住む刀伊《とい》（女真）の来襲を迎え撃って大活躍するんですよね。子孫も鎌倉3代将軍・源実朝の奥さんの西八条につながっています。『VIVANT』に続いてここでまた火が付いて、女性ファンが大勢引き込まれるんじゃないですかね。

大河では、代役だけど最初からこっちのほうがよかったんじゃ？　というパターンがあります。たとえば、『麒麟がくる』で織田信長の正妻・帰蝶（濃姫）を演じるはずだった沢尻エリカさんは逮捕されましたけど、代わりに演じた川口春奈さんはほんとにお見事でしたね。竜星さんも大正解だったと言われるように頑張ってほしいですね。

キャラの違う3兄弟の後継ぎの物語

道長の同じお母さんの兄弟のうち、長男の道隆役は井浦新さんですね。『平清盛』での崇徳上皇がすごくよかったんですけど、道隆は明るくてカッコよくて、酒豪でしかも堂々と威厳のある、本来のお世継ぎにふさわしいキャラなんですね。弟たちが到底敵《かな》わないカリスマという役回りです。清少納言がその男っぷりの良さを、わざわざ『枕草子』で書き記してるくらいなんですよね。

逆に次男の道兼は玉置玲央さん。道隆には何もかも敵わないし、道隆にすべてを託すつもりの段田安則さん演じる父・兼家からはあんまり相手にされないから、そのイライラを弟の道長にぶつけるっていう役回りですね。

キャラが違う3兄弟の後継ぎの物語は、映画『ゴッドファーザー』の大物マフィア、コルレオーネ一家もそうでしたね。長男は血の気の多さがマフィアっぽいソニー、次男が気弱で自信なさげなフレドー、三男が真面目なカタギのマイケル。ソニーは抗争で命を落とし、フレドーは裏切り（パートIIですけど）、マイケルはいろいろあって冷酷な一家のドンになる。『鎌倉殿の13人』でも、小栗旬さんの地味でマジメな北条義時が、御家人たちの殺し合いトーナメントを勝ち上がっていく中で、どんどどす黒くなっていきましたけど、大石静さんも若い頃はわりといい人だった道長を、どんどんワルに仕立てていくんでしょうかね。

竜星さん演じる隆家の兄で、道長と最も激しく対立する伊周が三浦翔平さん。桐谷美玲さんのダンナ様ですね。若いうちから道隆父さんに引き上げられて猛烈な勢いで出世するんですけど、じわじわのし上がってくるライバル道長を隆家といっしょにつけ狙ったり、呪い殺そうとしたりね。そして凄惨な事件を起こすんですよね。

そうそうたる「イケメン四納言」

『光る君へ』のストーリーの中心となる時代は、一条天皇が在位した約25年間ですけど、その一条天皇役が劇団ＥＸＩＬＥの塩野瑛久さん。その前の、エキセントリックな花山《かざん》天皇の本郷奏多さんは、イケてるお公家顔。『麒麟がくる』で長谷川博己さんの明智光秀をたきつけて信長を襲わせたと言われているフィクサー、近衛前久役がハマってましたね。その花山天皇が頼る藤原義懐《よしちか》が、『ノーサイド・ゲーム』（2019年、TBS系）で岸和田キャプテン役を演じた高橋光臣さん。花山天皇とこの義懐のコンビがドラマ序盤の盛り上げ役、というか悪役になりそうですね。

そして、一条天皇時代の「四納言《しなごん》」と言われた道長のライバルで、後にその手下になった4人のイケメン公卿（公＝大臣のこと、卿＝大納言・中納言・参議・三位以上の官人のこと）である源俊賢、藤原公任、藤原斉信、藤原行成は、それぞれ本田大輔さん、劇団EXILEの町田啓太さん、はんにゃの金田哲さん、渡辺大知さん。そうそうたるメンバーですねえ。道長にも遠慮なくビシビシ批判を飛ばすご意見番・藤原実資がロバートの秋山竜次君ですね。大河初出演の秋山君、今回はお笑いを封じることになるんじゃないですかね。

町田啓太さん、大河は『西郷《せご》どん』（2018年）の小松帯刀、『青天を衝け』の土方歳三とどっちもそのカッコよさで話題になりましたね。大河では、複数回出てる俳優さんの配役の格がどんどん上がっていく人がいますよね。ムロツヨシさんだって、松山ケンイチさん主演の『平清盛』では、まだ「盛」がつく名前がズラッと並ぶ清盛ジュニアの中の一人で、何盛だったかも覚えてませんけど、『どうする家康』では豊臣秀吉ですからね。クセ者・本多正信がすごくいい松山さんの、ちょっと上くらいの扱いになりましたよね。秀吉が正信に「おい、おまえが家康の知恵者か」ってね。そういうキャスティングの変化も、長いこと大河を見てるファンにとってはちょっと面白いところですね。

「本当に牛車がいるんだ!」と驚く

女性の出演者、相変わらず豪華ですねえ。定子役が高畑充希さん。今さら『とと姉ちゃん』(2016年、NHK)を引っ張り出さなくたってもう大物女優ですけどね。とりわけ今回は女性がうっとりするような恋愛ドラマになりそうだしね。十二単なんかの贅沢な衣装も見ものでしょうね。

彰子は見上愛さん。若いけど、もういろんなドラマに出てて。事務所はワタナベエンターテインメントなんですね。彰子もそうですけど、この時代の女の人って、他人に顔を見せることじたいがタブーですから、ほとんど外に出歩かないんですよね。部屋の中でじっとしてるだけじゃ、太っちゃいますよね。散歩もしない、運動もしない。筋トレやってるわけじゃないから。それにしても、毎年のように新しくきれいな人が出てくるから、演じてる女性の皆さんも大変ですよね。

道長の姉で一条天皇の前の前、円融天皇の皇后・詮子が吉田羊さん。道長の正室が黒木華さんで、そのお母さんが石野真子さんですか。やっぱり豪華ですねえ。あ、財前直見さんが『蜻蛉日記《かげろう》』を書いた藤原寧子《やすこ》。いいキャスティングですね。ご出身の大分県に住んで子育てされてて、仕事のときだけ東京に来られるとか。今、田舎にUターンして暮らしてる芸能人の方は多いですね。今回はキャスティングされてないけど、松山ケンイチさんと小雪さんのご夫婦も、今のお住まいは秋田県でしたね。

お笑いのカラテカの矢部太郎さん、乙丸という紫式部の従者役なんですね。吉本の人は、新喜劇とかに出てる人も多くて、うまいんですよね。今回は出てないけど、藤井隆君とかも『真田丸』（2016年）とかで普通に大河に出てるし。矢部さんは撮影で牛車を見たそうで、「本当に牛車《ぎっしゃ》がいるんだ！」って驚いてましたよ。『笑点』

（1966年〜、日テレ系）の三遊亭小遊三さんは、「『絵師の役で』って話が来たので、まあ、せっかくだから出よう」「いい思い出になるな」っておっしゃってましたね。紫式部と親しい絵師の役です。

絵師だけじゃなくて、今回はいろんな芸達者な人が出ますね。モノマネや曲芸、奇術をやる散楽《さんがく》っていう芸能のやり手・直秀に毎熊克哉さん。いい俳優さんですね。なんか最近見たな、と思ったら、『どうする家康』の大岡弥四郎じゃないですか。

昔ながらの家康のストーリーだと、家康の家臣でありながら瀬名姫をそそのかして♡して武田勝頼と内通して、それがバレて鋸引きの刑に処される小物の悪役なんですけど、『どうする』では同じ裏切りでも信長の言いなりの家康に腹を立ててクーデターを起こすんですが、有村架純さんの瀬名姫の暗殺に失敗して、処刑される前に「戦は終わらん。無間《むげん》地獄じゃ！」と叫ぶ。けっこう凛々しくてカッコいい役になってましたね。

上岡龍太郎さん「宇治は京都じゃありません」

大河ドラマでは、その舞台になる場所の地域おこしが毎年話題になりますけど、『光る君へ』ってどうなんでしょう。ドラマの中心となる舞台はほとんど京都ですよね。でも、もともと京都はもうインバウンド客が戻ってるし、観光じゃ勝ち組。黙っててもお客さんが来ますからねえ。プライドもあるから、『どうする家康』の愛知県岡崎市や関ケ原のある岐阜県みたいに、懸命にPRはしないでしょうね（苦笑）。

京都人と言えば、洛中とか洛外とか階級みたいなのがあるって言いますよね。昔、京都市左京区という〝洛中〟出身の上岡龍太郎さん（故人）に、『ルックルックこんにちは』（1979〜1986年、1994〜2001年、日テレ系）のプロデューサーが「岸部シロー（故人）君と上岡君を起用したのはね、ボクが京都出身だから、京都出身の2人をちょっと使ってみたいと思ったんだよ」と言ったんですね。そしたら上岡さんが、「どちらですか」。プロデューサーが「ボクは宇治だよ」と返したら、「宇治は京都だとは認めないです」って言って上岡さん、翌週から出なかったんです。

結局、岸部さんだけ出てましたね。全部、生前の岸部さんから伺ったお話です。

〝洛外〟の宇治には、道長の別荘を息子の頼通が改築した平等院鳳凰堂もあれば「宇治市源氏物語ミュージアム」もあるんですけどね。やっぱり洛外のほうが熱心なんでしょうかね。京都以外だと、紫式部がまだ10代の頃、お父さんの為時の赴任先の越前にいっしょについていってますから、越前＝福井県は大歓迎じゃないですか。吉高さんが福井に行ったら、大騒ぎになるんじゃないですかね。

紫式部を押し倒しちゃう藤原道長

紫式部

大河ドラマにはなかった「貴族」の主人公

さて、平安時代っていうのは、学校で習った通り貴族が主役の時代ですね。1963年に始まった大河ドラマは、『どうする家康』が62作目ですけど、実は貴族が主人公のものって今までにないんですよ。飛鳥・奈良時代とかそれ以前の時代は取り上げたことがないし、平安時代を取り上げた作品でも、その末期の源氏と平家の戦いと直接関係がないのは『風と雲と虹と』（1976年）くらいですね。これは紫式部、道長が活躍した頃より50年以上前。大河ドラマが取り上げた時代の中では、これが一番古いんですね。

しかも加藤剛さんが演じた主人公の平将門はやっぱり武士。奥州藤原氏4代を取り上げた3部構成の『炎立《ほむら》つ』（1993年）は、第3部で源義経が平泉に逃げてくるんですけど、奥州藤原氏はもちろん武士ですからね。

同じNHKでも、大河ドラマじゃないやつなら、主人公の厩戸皇子を本木雅弘さんが演じた土曜特集ドラマ『聖徳太子』（全2話、２００1年11月）は、平安時代の前の奈良時代の、そのまた前の飛鳥時代でした。これはすごくよかったですよ。蘇我馬子が緒形拳さんで、推古天皇を松坂慶子さんが演じたんです。あと奈良時代なら『大仏開眼』（前・後編、２０１０年4月）ですね。吉岡秀隆さんの吉備真備が主人公で、ライバルの藤原仲麻呂が高橋克典さん。國村隼さんが演じた聖武天皇が発願した奈良の大仏を造るときの、貴族どうしの抗争がお話の中心でした。BS時代劇では、坂上田村麻呂と戦った蝦夷のリーダー・阿弖流為《アテルイ》を主人公にした『火怨・北の英雄アテルイ伝』（全4話、２０１3年）っていうのがありましたね。東日本大震災のすぐ後で、主演は大沢たかおさんでした。

『源氏物語』をはさんだ大人なセクシー映画

それじゃあ、紫式部や道長みたいな貴族が主役の映像作品は？　というと最近、といってもここ20年ぐらいですけど、大作映画が2本ありました。吉永小百合さんが紫式部を演じた『千年の恋　ひかる源氏物語』（２００1年、東映）と、生田斗真さんが主演で光源氏、中谷美紀さんが紫式部役の『源氏物語 千年の謎』（２０１１年、東宝）ですね。

まず、『千年の恋』のほうは、東映創立50周年の記念に撮られた1本で、総製作費14億円とおカネをたっぷりかけてました。映画評論家の春日太一さんが、「4代目の東映社長に就任した岡田裕介が社運をかけて製作したものの、大コケした大作の1つ」って言ってたそうですけど、興行収入も20億８０００万円だそうですから、立派なヒット作ですよね。岡田社長は「50周年記念で制作した『ホタル』『劇場版仮面ライダーアギト ＰＲＯＪＥＣＴ Ｇ４』『ＲＥＤ ＳＨＡＤＯＷ 赤影』の３本との計４本のうち、コケたのは仮面ライダーだけ」っておっしゃってるんですよね。

ボクも観ました。大人なセクシー映画みたいで、ちょっと興奮しちゃいましたね。面白かったですよ。まず、キャスティングがすごいですからね。渡辺謙さんが藤原道長と、紫式部の夫の藤原宣孝の2役。そして劇中劇の『源氏物語』の光源氏役に天海祐希さん、これは当たりでしたね。ボクと歳は一緒ですけど、あの目線の色気はさすが元宝塚のトップスター、女性の憧れですよね、やっぱり。南野陽子さんとのけっこう激しいベッドシーンがあったりしてね。よく考えたら女性と女性なんですけども……。

宝塚じゃなくても、女の人が男役をやるっていいですよね。大河『太平記』（1991年）で後藤久美子さんの北畠顕家役がピッタリはまってましたし、以前、山崎銀之丞さんの舞台を観に行ったんですが、それが、黒木メイサさんが織田信長を演じた『女信長』（2009年）。山崎さんが徳川家康、有森也美さんが濃姫で。黒木さんの信長がカッコよくて。天海さんも、信長役はけっこうハマるんじゃないでしょうかね。

常盤貴子さんは阪神ファン

そして源氏の正妻だけど、夫婦仲は冷えていた葵の上に中山忍さん、理想の女性にしようと幼い頃から源氏が自分の手で育て上げた紫の上に常盤貴子さん。すごいタイガースファンだって聞いてますけど、事務所がそういう売り方をしていないって言ってましたね。ラジオ番組に来ていただいたときも、「阪神の話、そろそろいいんじゃないですか」って言っても、「ダメダメダメ」「なんかごめんなさい、本当に」と言われて。中学時代の同級生に元タイガースの大石昌義がいたんだそうです。最初は広島カープで、一度引退してから阪神で現役復帰したんですよね。

光源氏の亡き実の母・桐壺中宮と、彼女と瓜二つの源氏の継母・藤壺更衣は、高島礼子さんが2役で演じておられて、その桐壺更衣に嫌がらせをする桐壺帝の弘徽殿女御《こきでんにょうご》がかたせ梨乃さん。同じ東映の『極道の妻《おんな》たち』シリーズ（1986～1999年）で岩下志麻さんと共演したときは、怖ーい姐さんの役でしたね。

あ、高島礼子さんは岩下さんの後を継いで『極妻』シリーズの主役になりましたね。『千年の恋』の2年前の『極道の妻たち　赤い殺意』（1999年）では、組の№1の高島姐さんを、同じ組の№2のかたせ姐さんが年上の盟友みたいな感じで支えるっていうね、お2人の関係が『千年の恋』とまったくの正反対だったんです。東映もちゃんとその辺を考えて配役を決めてるんですね。

ボクの実家の裏山で転んだ「幕末の有名人」

桐壺帝を演じた本田博太郎さんとは、亡くなった津川雅彦さんのパーティーで何度もお会いしてましたが、ちょうど大河『花燃ゆ』（2015年）で、吉田松陰の盟友であり頑固一徹の富永有隣の役をやっておられた。その年にボクはたまたまNHK『スタジオパーク からこんにちは』に出させていただきましてね、そのときにボクの知ってる有隣のエピソードを披露したんです。

実は有隣って、晩年には山口県の田布施《たぶせ》町にいて、そこにあるボクの実家の裏山で転んだんですよ（笑）。山に登る途中、ウチの先祖が馬を引いてたら、馬が暴れて転げ落ちちゃったんです。それで、ウチの先祖が有隣に「わざとやっただろう」って怒られた。だからウチでは「有隣は評判の悪い、とんでもねえ野郎だ」っていうふうに語り継がれてるんです。

で、番組が終わってからNHKの玄関に出たら、そこで本田さんにばったりお会いしまして。この話を振ったら、もう『スタジオパーク』をご覧になってたらしくて、

「聞きましたよ、スタジオパーク。そうらしいですね」ってうなずいておられました。ウチの先祖も全国的に知られたから、ちょっとは気が済んだかもしれませんね。

81歳で清少納言を演じた森光子さん

片岡鶴太郎さんも絵師の役で出てましたね。『光る君へ』では小遊三さんや毎熊さんたちですけど、ドラマに出てくる絵師とか芸術家って、大河『元禄繚乱』（1999年）の英一蝶《はなぶさいっちょう》もそうでしたけど、鶴太郎さんがまとめて引き受けてる感じでしたね。

森光子さんの清少納言、そりゃ確かに吉永さんの紫式部より年上ですけど、30歳そこそこの紫式部が宮中に出仕した頃の清少納言の年齢、だいたい40歳くらいですからね。女の人のトシの話をするのもアレですけど、81歳の清少納言にはさすがにビックリしましたね。舞台『放浪記』（1961～2009年）でも、主人公の森さんよりそのお母さん役のほうが年下でしたからね。

映画でも大河ドラマでも歌った松田聖子さん

で、劇中で突然、歌い始めるオリジナルキャラ、揚羽《あげは》の君が何と松田聖子さんでした。なんというか、ストーリーの一区切りっていうかですね、明治座の舞台で歌ってる間にセットチェンジしたみたいな感じでした。『8時だヨ！ 全員集合』（1969～1971年、1971～1985年、TBS系）でもありましたよね、前半が終わって、ゲスト歌手が歌って、終われば「はい、後半いってみよう」ってね。

聖子さんはこの映画公開から11年後の大河『平清盛』（2012年）で、伊東四朗さんの白河上皇が愛する白拍子、祇園女御を演じてて、その登場シーンでも何度かオープニング曲のモチーフになってた「遊びをせんとや生まれけむ」を歌ってるんですよ。けっこう大事な役どころでしたから、やっぱり『千年の恋』を観たNHKの人がこれはいけそうだな、と思って抜擢したんでしょうね。個人的には、聖子さんの先祖の蒲池《かまち》一族などをヒューチャーした九州の戦国大河を見てみたいものです。

平安時代の流行歌――今様《いまよう》っていうんですよね――を、それが大好きだった後白河法皇が集めた『梁塵秘抄《りょうじんひしょう》』っていう冊子があって、「遊びをせんとや～」はその中に入ってる歌なんですね。ボクもＮＨＫ『義経のスマホ』で、法皇の西田敏行さんバージョンのモノマネで、ファーストテイクっぽく歌わせていただきました。ほんとにいい曲ですよ。

歌えるって強いですよね。『プリンプリン物語』（１９７９～１９８２年、ＮＨＫ）の石川ひとみさんみたいにね。山口放送の番組で一度石川さんにおいでいただいたときは、『プリンプリン』の話ばっかりさせていただきました。自分の役以外のことも全部覚えておられて、やっぱり大したものなんだなあって思いました。

西田敏行、寺島進、山本太郎……大河俳優とカラオケ三昧

それにしても、山本太郎さんが出てるのが不思議な感じがしますね。光源氏の側近の藤原惟光《これみつ》っていう男の役。三谷幸喜さんの大河第１作『新選組！』（２００４年）

で原田左之助をやってましたけど、彼なくして『新選組！』は語れませんよね。俳優としてすごくいいです。高校生のとき『天才・たけしの元気が出るテレビ!!』（日テレ系）で〝メロリンキュー〟でブレイクしてね。中野新橋でまだ学生だった山本さんが女優さんと歩いてるのを偶然見かけたこともありますよ。

でも、そこから「れいわ新選組」なんですね。一度、新宿でなんか演説されているのを、まあ気づかれないかなと思って横で見てたんですけどね。西田敏行さんとの飲み会でごいっしょして、そのとき連絡先を交換して、ボクから何度かショートメールを出したらお返事をくれましてね。でも、政治の世界のほうに行っちゃったから、「応援してます」とも言いにくい。ああいう世界に行くとは思いませんでした。ただ、すごく頑張ってるから大したもんだと思いますね。

いい思い出だなあって思うのは、いつだったか、たまたま京都ロケのときに夜、普通に歩いてたら山本太郎君と西田敏行さん、寺島進さん、とかがみんなでカラオケ行こうよって言ってたところに偶然会ったんです。そのままボクも合流してみんなで歌って、最後に「浅草キッド」がかかった。誰かボクにリクエストかけてくれたんだな、と思って歌ったんですけど、寺島さんが「違うよー」って。寺島さんが歌うのを待ってたんですよね（汗）。

今思えば、全員が大河に出てたメンバー。寺島さんは『どうする家康』の水野信元で、岡部大君の平岩親吉に見事に殺されましたね。『真田丸』のときは、出浦昌相は最後まで生き残ってましたけどね。

一線を越えちゃう継母と息子「あるある」？

東宝の大作『千年の謎』は、ストーリーが『源氏物語』寄りで面白かったですね。生田斗真さんが光源氏役を演じたせいもあって、興行収入14億円はこの年の29位。同じ年の31位『アウトレイジ ビヨンド』よりもお客さんが入ったそうです。監督の鶴橋康夫さんはテレビドラマの作品が多いですけど、映画で『愛の流刑地』（２００７年）を撮ってるんですよね。

桐壺更衣と藤壺は真木よう子さんが2役で演じてて、すごく色っぽかったですね。すごく年上の女の人に憧れる男の人っていますよね。小柳ルミ子さんとラブラブだった大澄賢也さんとか、25歳年上の奥さんをもらった元ヤクルト、巨人のペタジーニとかがそうでしたね。

でも、一線を越えちゃう継母と息子って、ほんともう、大人のビデオでよく出てくるパターンですよね。死んだり別れたりした母親の次にお父さんが連れ合いに選んだのが、母親とそっくりのすごい美人で、みたいなね。源氏と藤壺は立場的になかなか会えないから、逆にドキドキするみたいな。なんかこう、そそりますよね。そこに目を付けた紫式部は、男の気持ちがほんとによくわかってますよね。原作ではすごく上品に書いてるそうですけど、宮中でそういうことをしてる人たちは、「あるあるある！」って言いながら読んでたでしょうね。

母親が秩父宮妃に仕えていた室井滋さん

『千年の謎』で桐壺、藤壺更衣をいじめる弘徽殿女御がなんか存在感があって。一瞬、ん？　誰が演じてるんだろう？　と思ってよく見たら、室井滋さんでした。室井さんは小学生のときにご両親が離婚して、お母さんとは長いこと会ってなかったそうですけど、20歳を過ぎてから再会したときは、お母さんは秩父宮妃勢津子様にお仕えしてたんですね。『千年の謎』に出た翌年、『徹子の部屋』（1976年～　テレ朝系）でそのお話をされたそうです。

以前、ダンカンさんに、『電波少年』のディレクターといっしょに呼ばれて飲み会をやったときに、室井さんと初めてお目にかかったんです。たまにメールのやり取りをしてるので、室井さんに「あの映画観てます」ってメールを送ったら、「なんで今見てんの？　私のファン？」って言われた（笑）。

何年か前に、室井さんのイベントに呼ばれたことがあったんです。松本明子さんが「私、行けなくなったから、まっちゃん行ってよ」って言うからちょっと顔を出したら、何かの文化会館みたいな会場で子どもに絵本を読んであげるイベントで、親子連れが大勢来てた。一番ボクらが行っちゃいけないイベント（苦笑）。「松村君、来てくれてます」ってちょっと紹介されましたけども。

安倍晴明登場！　貴族が本気で信じた怨霊・タタリ

例の問題で俳優業を引退された東山紀之さんの道長、やっぱりカッコよかったんですけど、『光る君へ』の佑さんは、それとはまたイメージがずいぶん違いますね。もっと面白いというか、複雑怪奇な人にするんでしょうかね。現実の世界では道長とぶつかり合う佐藤祐基さんの藤原伊周は、もう決着がついた格好になってましたね。怨霊になって出てきたところを、窪塚洋介さんが演じた陰陽師《おんみょうじ》の安倍晴明に退散させられてました。

『光る君へ』の時代の人たちは、怨霊やタタリを本気で信じてましたからね。実は、権力闘争のライバルを殺すために、秘密の儀式を開いて「死ね〜」と呪いをかける、みたいなことが真面目に行われてたんですよ。実際に権力闘争の中で、敵である道長を呪い殺そうとしたライバルのことが記録に残ってますからね。安倍晴明を始めとした陰陽師たちが活躍する場面もあるかもしれませんね。

晴明役はユースケ・サンタマリアさんですか。『麒麟がくる』の朝倉義景以来、大河は2度目なんですね。晴明にユースケ・サンタマリアさんが決まったら、じゃあ清少納言にはファーストサマーウイカさんで、ってなったんですかね。フルネームが画面に収まりづらいから、昔だったらそれだけで外せ！　とか言われそうですね。

夜中に幽体離脱、恋ガタキを取り殺す

『源氏物語』を劇中劇でもしやるとしたら、六条御息所っていう、関係を結んだ源氏より年上で、プライドのカタマリみたいな貴婦人が、源氏のことが好き過ぎて夜中に幽体離脱して、源氏が付き合ってる他の女の人たちを取り殺しちゃう、『源氏物語』の中でも有名な見どころがあるんですよ。『千年の謎』では、晴明がそれを書き手である紫式部の道長への思いの表れだっていうふうに見破ってました。

六条御息所は『千年の恋』ではなんと竹下景子さん、『千年の謎』のほうは田中麗奈さんが特撮シーンを入れて演じてましたけど、色っぽかったですねえ。殺される恋ガタキの一人、夕顔は新型コロナ禍のただなかに亡くなった芦名星さんでした。ただ、

幽霊とか怨霊を出すときのサジ加減は難しそう。やり過ぎたらなんかシラケちゃいますから。

『鎌倉殿の13人』では、大泉洋さんの源頼朝の枕元に、西田敏行さんの後白河法皇や、尾上松也さんの後鳥羽上皇がたびたび登場しましたね。「オレだよ、オレ」とか言って（笑）。ツジツマを合わせながら、うまい具合に笑って済ませられる形にしてましたけどね。

晴明役のユースケさんは、「今までの安倍晴明を裏切るものになる」とおっしゃってますが、陰陽師って目に見えない式神を操るじゃないですか。そういうのを含めた呪術をどう料理するのかが楽しみ。今どきの人が「あーそれならあり得るかも」とナットクするような描写を見てみたいですね。

紫式部は「関白道長の妾」？

『光る君へ』は、紫式部と道長を〝ソウルメイト〟、タマシイの友、という設定にするそうですね。美しい関係というか、深ーいところでお互いをわかり合ってるって言うか。道長と紫式部とが昔からの知り合いっていう設定でいくそうですね。大石さんいわく、「10代からの恋心」が物語の縦筋として通っていて、「最初はただ好きなんだけど、だんだん同志的になったり、宮中に入ってからは道長への反発もあったり」ってなるそうですよ。

いちおう紫式部＝まひろが主人公ですけど、まひろよりも道長のほうが前面に出てくることもあるんでしょうね。いっしょにはならないけど離れられない2人、みたいな関係が続くというね。夫婦や恋人じゃなくてきょうだいですが、『鎌倉殿の13人』の北条義時と北条政子みたいな感じでしょうかね。義時が主人公なんですけど、だんだんと政子が前面に出てきましたよね。同じ鎌倉時代の『草燃える』（１９７９年）では、形の上では政子が主人公でしたけど、お話が進むにつれてブラックな義時が目立ってきましたからね。

実は『千年の謎』のほうはその辺がだいぶ違ってまして、映画が始まったとたん、道長の東山さんが紫式部の中谷美紀さんを押し倒しちゃうんですよ。ちょっと驚きましたけどね。実は、『紫式部日記』の中に、とある晩にアポなしで紫式部の自宅に来て、外から扉をトントンしながら紫式部と和歌のやり取りをした……っていうシーンがあるんだそうですね。紫式部が道長を中に入れたとは書いてないようですけど。

昔の家系図を集めた『尊卑分脈《そんぴぶんみゃく》』っていう資料には、紫式部のことを「御堂関白道長妾」って書いてあるそうですね。さすがに大河では愛人っていうわけにはいかないから、ソウルメイトなんでしょうけどね。カラダじゃなくてココロでつながってるんだってことにしてね。

もっとも、仕事がデキて目立つ女性は、それをやっかんだ同じ職場の男性たちから、えらい人の愛人だとかいう噂を流されるじゃないですか。「だからあいつは出世できたんだ」みたいなね。今もそんなのはアルアルですけど、セクハラとかコンプライアンスなんて1ミリも考えなかった昔なら、もっとえげつない噂を流されたんでしょうね。で、『尊卑分脈』を作った人が、その噂を真に受けちゃっただけかもしれませんね。

デビュー前に一瞬だけすれ違った光GENJI

そもそも、架空の人物につけた光源氏っていう名前がすごいですね。清和源氏の源氏かなとも思っちゃいますから、何も知らない人だったら、『平家物語』もあれば『源氏物語』もあるよなーって勘違いしてペアで覚えてる人もいそうですね。「頼朝と義経の話かな？」って思っちゃいますもんね。

この時代の源氏には、たとえば清和源氏の3代目で源頼光っていう、兼家と道長とその息子の頼通の3代に仕えた武将がいますね。酒呑童子とか土蜘蛛退治とかのバケモノ退治の伝説で有名な人です。兼家の葬式のときに道長を見て「こいつ、デキるな」と思ってその手下になったんですね。その頃はもう武装した集団を従えてはいたんですけど、まだ「貴族」なんですよね。武士と呼ばれるようになるのはもっと後の代の子孫です。

紫式部が清和源氏から光源氏の名前を思いついたのかどうかはわかりませんけど、ボクらの世代がヒカルゲンジっていうと、やっぱり旧ジャニーズのイメージが強いですね。光ＧＥＮＪＩとか平家派とか、なんか間違ってほたるゲンジって名乗ったお笑いコンビがいたけど、ボクがデビューしたときは、太田プロにも幕末塾とか彦摩呂さんとか、歴史関係のネーミングがけっこうありました。幕末塾はアイドルというより、一世風靡セピアみたいな大人のグループでしたね。

ボクがまだデビュー前の素人で、『サブロー・シローの歌え！ヤング大放送』（１９８７年、ＴＢＳ系）っていう番組に小林旭さんのモノマネで出させていただいたときに、前で踊っていたのがＧＥＮＪＩっていうグループでした。そのときからすごい人気でしたよ。今思うと、そこに諸星和己さんとか山本淳一さんとか、佐藤寛之君とかがいたんですね。バックバンドに城島茂君がいたんじゃなかったかな。それが後に光ＧＥＮＪＩになって、「ＳＴＡＲ　ＬＩＧＨＴ」とかですごく売れているのを見ると、「ああ、あの人たちと一瞬だけ会ってるんだよなあ」って、ちょっと思いましたね。

宮中で書いてたからリアルだった『源氏物語』

光源氏は誰をモデルにしたんだ？　って、やっぱり紫式部が書いてた頃から宮中では話題になっていたんでしょうね。実際はそれが1人ってことはなくて、何人かのモテ男のエピソードに紫式部の創作やら願望やらを詰め込んだのでしょうね。で、道長はその候補として必ず名前が挙がるんですよ。この2本の映画も、それを匂わせるようなストーリーにしてあります。

実際には、モデルは何人もいたそうなんですけど、道長はまず権力も持っているし、紫式部の才能に目を付けて引っ張ったくらい芸術とかのセンスがあって、いい目利きだったんじゃないですかね。だから、光源氏並みとは言わないけど、モテたんじゃないかと思いますよ。

紫式部が道長に呼ばれたキッカケが『源氏物語』でしたから、宮中に入る前から想像の中で書いてたってことになりますけど、宮中に上がったら、彰子の家庭教師をしながら、中のことがだんだんわかってくるじゃないですか。それに、やんごとなき天皇家の方々や貴族たちとふつーに雑談したり、目の前でやることなすことを観察したりできるわけです。あっちこっち行って取材する手間が省けますよね。

『スクール☆ウォーズ』（1984〜1985年、TBS系）の話を書くなら、大阪の伏見工業高校まで行って「当時はどうだったんですか？」って聞かなきゃならないけど、物語の舞台のまさにド真ん中にいるわけですから、その必要がないですよね。

だから、宮中で起こった小さないさかいや笑える出来事なんかも、全部自分で見たり聞いたりしたことを、ダイレクトに描くのはさすがにまずいからいろいろアレンジしてるんでしょうね。そのおかげで、物語のリアリティが格段にアップしたって言われてます。そんな中で、光源氏の華麗なる一生が、トップに立って栄華をつかんだ道長の物語に見えても、別におかしくないわけですよ。

『ドカベン』に出たプロ選手、『源氏物語』に出た（？）道長

もっとも道長にしてみれば、自分のことを書いてるような小説は、読んでてやっぱ

り嬉しかったんじゃないですかね。紫式部が宮中に勤めるようになってから、道長はけっこう急かしてたりしてね。「次はどうなるんだ?」ってね。水島新司先生に『あぶさん』や『ドカベン』で実名で描いてもらうプロ野球選手といっしょですもんね。「ああ、オレ『ドカベン』に出るんだ」「『巨人の星』に出るんだ」って、みんな喜んでましたもん。

それに過去のスター選手とかの名前が出てくると嬉しいですよね。阪神タイガースの土井垣とか、藤村甲子園とか、戦前の景浦とか……って、南海ホークスじゃなくて意外と阪神ファンだったんですね、水島先生。

でも、途中から「次はオレ、どうなるんだ?」「もっと描けよ」って割り込んできたり、「もっとオレのいいとこを描けよ」とか、変なしがらみが入ってくると面白くなくなるから、こういうのは書き手に丸々お任せしたほうがいいんでしょうね。それか、「おー、よくここを書いてくれたな」とか、「オレのことをよく知ってるな」って褒められたら、紫式部もノってどんどん書いたかもしれませんね。

それならいっそ『源氏物語』じゃなくて『藤原道長』ってタイトルで出せば一番い

いんでしょうね。売れますよ、絶対。あ、でもそれじゃ暴露本か。昔々、ダン池田っていう人が書いた『芸能界、本日モ反省ノ色ナシ』って本がありましたけどね。後でモメたり差し押さえになったりしないように、「登場人物は架空のものです」って、やっぱり必要ですね。

そうやって、ほんとに起こった事件なんかもどんどん取り入れてね。『Gメン'75』（1975〜1982年、TBS）なんかは、1979年の三菱銀行強盗事件をそのまんまなぞってましたからね。梅川昭美ですよね。読んでるうちに、「あ、これはこないだのあの事件だ」とか「あのウワサは、実はこういうことだったのかもな」とかわかってきたりね。

「登場する人物や団体はすべて架空のものです」

実録モノのTVドラマでも、名前を本物とちょっと変えたりするじゃないですか。NHKでも、銀河テレビ小説『たけしくんハイ！』（1985年）で、少年時代のビートたけしさんを北野じゃなくて西野にしてましたしね。めんどくさいけど、いちいち断っておかないと、もし道長という最高権力者が「おまえ、よくもこんなもんを書いてくれたな」って言いだしたら、アウトですからね。

何にせよ『源氏物語』は、『どうする家康』の於愛の方も読んでたような、それこそ女性が1000年前から夢中で読む豪華絢爛な恋物語ではあるんですけど、一歩間違えたら実際にいた貴族たちの暴露本になってるかもしれませんよね。今、TVドラマでは最後に「登場した人物はすべて架空のもの」って言っとくのが普通ですけど、架空のドラマのハシリですからね、『源氏物語』は。当時の貴族たちにとっては、本当は最後にそう書いといたほうがよかった場面もあったんじゃないかとも想像しちゃいますよ。

「韓流時代劇」の
イメージの大河って、
新しいですよね？

第 2 章

紫式部が『源氏物語』を書き始めて宮廷に入るまで

「男だったらなあ」——父を嘆かせた頭の良さ

紫式部

先祖代々「文学の一族」に生まれた紫式部

まずは主人公で吉高さん演じる「まひろ」こと紫式部についてお話ししないと。あ、みひろさんじゃないですよ、セクシー女優の。志村けんさんの舞台に出てた。

生年月日と本名がわからないことと、藤原北家の家系で、将来の皇后さまの教育係っていうポジションにいたほど賢い女性だったことはもうお話ししましたけど、もうちょっと詳しくお話ししますと、お父さんの藤原為時とお母さん——も本名わかりません——は、両方とも摂政太政大臣を務めた藤原良房の兄弟がご先祖で、藤原氏の中でも、やっぱり名門なんですね。お姉さんと、惟規《のぶのり》っていう弟——お兄さんかも——が1人ずついました。

ちょっと時代をさかのぼると、代々和歌を詠むのが得意な家系で、ひいおじいちゃんの藤原兼輔がその頃の和歌の大御所みたいな人で、何と平安時代の36人の和歌の名人、三十六歌仙の一人だったんですね。その自宅には『古今和歌集』とかで有名な紀貫之とかの有名な歌人が出入りしてたんだそうです。ほんとに文学の一族って感じですね。

紫式部の両親である為時夫婦の配役は岸谷五朗さんと、名前を「ちやは」とした国仲涼子さん。お母さんは3人の子を産んでからすぐに亡くなってますから、紫式部がかなり幼い頃からドラマが始まるんでしょうかね。あと回想シーンで出るとか。岸谷さん、『サンクチュアリ -聖域-』（2023年、Netflix）の龍谷親方の親方っぷりがよかったですけど、ああいうNetflixみたいな、意外なキャスティングって大事ですよね。よく観てますよ、Netflixは。『離婚しようよ』（2023年）も山本耕史が面白いですよね。

あと、惟規役は高杉真宙《まひろ》さん。弟役だけど、本名が主人公と同じ「まひろ」なんですね。大河『平清盛』にも小兎丸役で出てました。

お父さんの為時も、もちろん和歌はイケてて評価されてましたけど、本職は漢学者でした。中国の古い書物の研究ですね。けっこう名前も知られてて、道長とも知り合いだったんです。ただ、ずっと後の話ですけど、酔っぱらった藤原道長が紫式部に向かって「お前のオヤジはひねくれてんなあー」と言ったことが『紫式部日記』に書かれてます。あんまり世渡りのうまいタイプじゃなかったんですね。それに為時の代には家がだいぶ落ちぶれてきてて、官位もそんなに高くなかった。中級貴族ってところですかね。

紫式部が生まれた場所は、現在は京都市の上京区にある廬山寺っていうお寺です。今も「紫式部産湯」と呼ばれている井戸や、紫式部が詠んだ和歌の碑があるんですけど、今ある建物は当時のものじゃないそうです。いずれにせよ、紫式部は結婚生活も源氏物語を書いたのもここでして、一生のうちのほとんどを過ごしました。

紫式部がもし「Qさま!」に出たとしたら

幼い頃から、ほんとに賢い女の子だったんですね。為時が惟規に日々漢学を教えるんだけど、惟規はイマイチ覚えがよくない。なのに、横でそれを聞いていた紫式部のほうが先に覚えてしまっていたんですね。為時がいつも「ああ、この子が男だったらなあ……」とボヤいていた……とわざわざ書いてますね、『紫式部日記』に。実際、誰かに自慢したかったのかもしれませんけどね。

漢学って、この時代の貴族、特に男の貴族にとって、かなり大事なポイントなんですよ。学者になるには、漢籍——中国語の古い本ですね。かな文字なんて使ってない、漢字だけで書かれた本です——を日本語と変わらないくらいスラスラ読めなきゃいけないし、漢詩って五言絶句とか七言絶句とかを授業でやったのを思い出しますけど、あれのカッコいいやつが自分で詠めるっていうのが、あの頃の貴族の男たちの教養だったんです。

為時は漢学者ですから、家にはそれはそれはものすごい数の漢籍があったんでしょうね。中国の歴史とか、儒学みたいな哲学だか宗教みたいな本とか、あと漢詩とか。作家の人って、早熟っていうんですかね、物心つくかつかない頃から本を読んでる人が多いですから、紫式部は家にあったそういう本を片っ端から読みまくってたんじゃないでしょうかね。

後々になって、『源氏物語』を読んだ貴族たちが「お！　これは〇〇読んでるな」とか、「ここはあの故事を引っ張ったんだな」とか、漢籍についての教養があることにすぐに感づいてるんですよね。それに、やっぱり和歌の一族ですから、『古今和歌集』とか今も残ってるザ・古典っていうようなのも絶対あったはずですよね。『源氏物語』の登場人物がよく和歌を詠むんですけど、それらは当然、紫式部が自分で詠んでるわけですし。とにかく、子どもの頃からガンガン本を読んでたような人じゃないと、世界に誇る小説なんて書けませんよね、やっぱり。

ちなみに、10代とか20代の頃の紫式部が読んでたかもしれない本を、『源氏物語』に出てる和歌とか漢詩の出どころから調べた人がいるんですね。それによると、当たり前ですけど、ボクがさわりもしたことないやつばかりでしてね。『白氏文集』『史記』『文選《もんぜん》』とか漢籍13種類、仏教だと『法華経』とか6種類、あと『古今集』とかの和歌のやつが何と41種類。物語とか日記もあって3種類、歌謡集とか歌合は『和漢朗詠集』『亭子院《ていじいん》歌合』……うーん、わかんない。あ、『日本書紀』は名前は知ってますけど、あと今は残ってないやつもけっこうあるそうで、まあ、ほんとにものすごい読書の量ですね。

今生きていても、勉強の出来はすごかったんでしょうね。テレ朝の「クイズプレゼンバラエティー Qさま!!」（2004年〜 テレ朝系）には東大の学生さんとか高学歴のタレントがたくさん出てますけど、紫式部が登場したら、正解率はかなり高そうですね。伊沢拓司と張り合ってたりして。これが北条政子だったら、漢字・ひらがなは怪しかったらしいので、すぐ脱落しちゃってたかもしれませんね。

10年間、無職だった為時父さん

紫式部いわく、世渡り下手の為時父さんですけど、実はけっこうなヒノキ舞台にも立ったことがあるんですよ。977年に東宮、つまり皇太子がいる場ですね、その東宮の御読書始めの儀っていう儀式で、学者が皇太子に対して講義をするんですよ。で、為時はその学者――菅原輔正っていう人です――の補佐を務めたんです。大役ですよね。そのときの講義の相手だった10歳の皇太子が、この後に何度も出てくる花山《かざん》天皇(本郷奏多さん)です。

そんなポジションで為時はやんごとなきお知り合いをたくさんつくって、天皇の側近の地位を得て、式部省っていうお役所の三等官式部丞という肩書も兼ねたんです。だから為時、うれしくって和歌を詠んじゃいます。

遅れても　咲くべき花は　咲きにけり　身をかぎりとも　おもひけるかな

意味はそのまんまで、「遅咲きでも咲くべき花は咲くんだなあ。自分のこと見限ってたオレもついに花が咲いたよー」と。口下手そうな岸谷五朗さんの笑顔が思い浮かびますね。

ところが、それから1年余り経って、為時の運命がガラリと変わるんですよ。道長の父・兼家（段田安則さん）が花山天皇をうまいこと言いくるめて出家させて、天皇の座から引き降ろすんです。その次に即位したのが、まだ7歳だった一条天皇（塩野瑛久さん）でした。長男・道隆（井浦新さん）の娘を一条天皇にくっつけて外祖父にさせようという兼家の策略だったんですね。986年のことで、こういうのを政変って言うんでしょうか、そこで宮中の人がまとめて入れ替わって、たぶん花山天皇の味方だと見られてた為時は、職を失っちゃったんです。

40歳そこそこだった為時は、その後10年間、ずっと職がなかったんです。為時がそれをずっと嘆いてる文章も残っています。「散位《さんに》」といって、官位はあっても役職がない。お祖父さんの時代の遺産で食いつないでたようですけど、10年間ずっと自宅でゴロゴロしてるだけっていうのはね。さすがに何かバイトぐらいはしてたんでしょうか。

紫式部の結婚が遅かったのは、そのせいで生活が厳しかったためだって言われてます。それはともかく、今でいう中学生くらいの年齢だった紫式部は、そんなお父さんを見ていろんなことを考えてたんでしょうね。『源氏物語』の中だと、宮中で人を登用するのに、家の格とか何かより実力がモノをいうような理想の世界を描いてるそうですよ。

為時父さん、「出世できぬ」泣き言を漢詩に

10年経って為時がようやく再就職したときは、漢学の教養が役に立ったんですね。受領《ずりょう》という、地方に派遣されてその地を治める、今で言えば県知事みたいな話が回ってきたんです。派遣先の国はいちおうランク付けがされてて、大国、上国、中国、下国の4つ。大国の受領にでもなれたら、ワイロでけっこうウハウハな生活を送れたはずなんですけど、命じられた行く先は淡路。まあ、淡路島ですね。一番下の下国なん

です。

さすがに為時も泣きながら怒ったんですね。怒って、今度は漢詩を書くんですよ。

苦学の寒夜　紅涙《こうるい》襟を霑《うるお》す
除目《じもく》の後朝《こうちょう》　蒼天眼《まなこ》に在《あ》り

寒い日も遅くまで頑張って勉強してきたのに、きょういただいた辞令だと私は下国行きですか。もう悲しくて悲しくて涙が止まりません。辞令の翌朝は、真っ青な空が目に沁みます……と。役人の辞令を出す儀式のことを除目って言います。

いや、情けないと言ったらその通りですけどね。でも、お役人さんって給料以前に肩書とか出世が命ですからね。特に名門貴族なんて、庶民のボクらからは想像もできないくらい、ご先祖様の名前のプレッシャーがでかいんじゃないですかね。「没落したらいかんのやー」というね。

で、この聞くも涙、語るも涙の漢詩も含めた申し文を書きます。わざわざめんどくさい言い回しの漢文を長々と書いて、その中にこの漢詩を入れ込んだものを若い一条天皇に奏上するんですね。「昇進できません（涙）」って社長や会長やオーナーに訴えるサラリーマンもなかなかいなさそうですけどね。

ただ、道長と一条天皇の胸にこの詩はズキュンと来たようですね。わりかし名門だし、けっこう勉強もしてて、こんな詩も書けるくらい才能のある人なのにかわいそうじゃんと思って、道長にお任せしたんです。今さらですけど、為時の漢学についての教養はかなり高かったんですね。同じ頃の歌人であり学者だった大江匡衡《おおえのまさひら》っていう人が、「実力はあるのに、それにふさわしい扱いをされていない」6人の学者のうちの1人として、為時の名前を挙げてるんですよ。ちょっと脱線しますけど、後で紫式部が宮中に入ったときに親しくしていた同じ女房衆の1人、赤染衛門がこの匡衡の奥さん。それに、もうお気づきの大河ファンもおられるでしょうけど、匡衡の4代後に、『鎌倉殿の13人』で源頼朝の側近として大活躍した大江広元がいます。

紫式部、為時父さんとともに越前へ

為時が嘆きを訴えた頃、道長は藤原氏の氏長者《うじのちょうじゃ》――ナンバーワンですね――となり、道隆ファミリーとの権力闘争で決着をつけたばかりでした。しかもまだ30歳の若さでしたからね。ひとまず一条天皇へのポイントも稼がなきゃという思惑もあったんでしょうね、為時と同じタイミングで、上国である越前に行く辞令が下りた源国盛っていう人――道長の乳母の息子でした――に、為時と入れ替わってもらったんです。

国盛の本音は「えー!?」だったでしょうけど、自分が淡路に行き、代わりに為時が越前に行くことをOKするんですよ。この取引がたった3日で片付いた。道長のやり方はかなり強引だったんじゃないですかね。国盛はそれから間もなくして亡くなったそうですが、それはともかく、ずーっとくすぶっていた為時もようやく運が開けたんですね。

このとき、すでに25歳前後になってた紫式部は、晴れて越前守に任命された為時といっしょに996年、京都から越前――今の福井県越前市の武生《たけふ》にあった国府にはるばる引っ越します。武生って、『サラダ記念日』の俵万智さんもお父さんの転勤でここに引っ越して住んでたそうです。日本の歌人にゆかりがある場所なんですね。

北国の越前がなんで「上国」？　って思うかもしれませんけど、昔から日本海側では海を隔てた中国大陸との交易が大変盛んだったんです。だから、中国語とか漢文がわかる人がよく京都から派遣されていたんですね。道長が「じゃ、こいつを行かせるか」ってなったのも、それ相応の理由があったんです。大宰府に流された有名な菅原道真だって、今の石川県に当たる加賀権守《ごんのかみ》でしたからね。為時が越前に行く前の年、995年8月に宋から商船が何隻も来て越前の港に泊まっていたから、その船に乗ってる中国人の商人との商売に関わることも、仕事の一つだったかもしれませんね。

夫は20歳くらい年上の遊び人

藤原宣孝

はるばる都から雪国へ……ラブレターの中身

さて、父の為時と2人で武生に引っ越した紫式部ですが、住み始めて1年くらいの間に、京都からしきりに手紙をよこす男が1人いたそうです。要するにラブレターですね。男の名前は藤原宣孝《のぶたか》。紫式部にとっては父方のまたいとこで、為時とほぼ同年齢。かつては同じ職場で働いたこともあったそうです。『光る君へ』では佐々木蔵之介さんが演じるんですね。

ところが、キャラは為時とは正反対で、ド派手で世渡り上手、女性関係もにぎやかで、紫式部に声をかけてきた時点でもう妻が3人、紫式部とほぼ同い年の隆光という息子もいたんですね。でありながら、手紙には「おまえだけだ」とか書いてくるんですよ。

宣孝からの手紙に、紫式部はすぐに返事を書くようなマネはしません。トシも20歳以上離れてるし、そんなはしたないマネはできないってことで、最初は無視してたんですね。それがお作法かもしれませんけどね。

京都から出した手紙が越前に届くまでに4日かかったそうですけど、宣孝はまあ、マメに手紙を書きまくって、たとえば雪国の越前に引っかけて「春は解けるもの」とか書いてくるんですね。春になったら、塩対応のアナタのココロも雪みたいに解けますよ、つまりオチますよ、と堂々と書いちゃうんですよ。

しかしそこは強気の紫式部で、歌でガツンと打ち返してるんです。

春なれど　白嶺《しらね》のみゆき　いやつもり　解くべきほどの　いつとなきかな

あら、確かに春ね。でも、ここは都とは違うのよ。越前の霊峰・白山はご存じ？雪はますます積もってるの。いったいいつになったら解けるのかしらオホホホホ……っていうのがだいたいの意味です。実際、白山は標高2702メートル。周りの他の山々の雪が解けても白いまんまだから、昔から白山って呼ばれてるんですね。

で、和歌を詠む人にとっちゃ、この知識は基本中の基本だったんですよ。和歌のバイブル『古今和歌集』の中に「白山の頂上の雪が消えないから白山なんだな」っていう意味の歌があるんです。だから、その歌も知らないようじゃ、私と付き合うなんて

10年早いわ、というのがこの歌のウラの意味なんですよ。あー、めんどくさい。

ただ、宣孝が遊び人だったのは、ほんとだったようですね。たとえば、宣孝が近江守の娘に声をかけた、といったウワサ話が紫式部のところにも聞こえてくるのに、宣孝からの手紙には、ぬけぬけと「ふた心無し」と書いてるんですね。オレにはおまえだけだ！　って、一番信じちゃいけない言葉じゃないですか。で、紫式部が宣孝への手紙の中で詠んだ歌がこれ。

みづうみに　友よぶ千鳥　ことなれば　八十《やそ》の湊《みなと》に　声絶えなせそ

「近江の湖でお友達に声をかけてる千鳥よ、いっそその辺の船着き場全部で声をかけまくればいいじゃないの。勝手にすれば？」って、イラつき具合がよくわかりますよね。歌のやり取りはこれだけじゃないんですけど、やっぱりどれも宣孝が「ＯＫしてよー」とアプローチして、紫式部が肘鉄を食らわす、というパターンばっかりなんですよね。

恋愛にかけては、宣孝のほうが上手だった？

もっともこれ、ラブコメなんかでよくありますよね、こういうパターン。というのは、紫式部、あっさり陥落したんです。越前には1年間住んだ後、997年にお父さんを置いて京都に戻って、その翌年に宣孝と結婚しました。

為時父さんが「え、あいつか!? あんな年上と……」とか何とかうろたえて紫式部とケンカしたのかどうかはわかりません。宣孝との歌のやり取りだけ見てたらダメだこりゃとしか思えないんですが、恋愛にかけては、年上の宣孝のほうがはるかに上手だったたんじゃないでしょうかね。ラブレターは無視されてたらもうダメですけど、イヤよイヤよもいいのうち、というかイヤイヤながらも返事を出してきた時点で、宣孝としてはガッツポーズだったのかもわからないですね。「これは脈がある！」って。

さっきお話しした白山の歌だって、もしかしたら、宣孝は知識とか教養にプライドを持ってる紫式部が「この白山のところには絶対突っ込んでくる」と見越して、わざと知らぬフリをして「春は解けるもの」とか書いた手紙を出したのかもしれませんね。

そもそも紫式部が早くに結婚していないのは、やっぱりものすごく頭がいい女性だから、同じくらいのトシの男どもがみんな子どもみたいに見えちゃったからじゃないでしょうかね。それに男のほうも、自分より賢そうな女の人には、ちょっとビビっちゃうところがありますから。ましてや紫式部は、男しか勉強しないはずの漢学のレベルがハンパなかったわけで、何かのきっかけで漢学でマウントかけてきた貴族の男を、逆にボコボコにやっつけたぐらいのことはやったかもわかりませんね。

でも、やっぱりお父さんが10年間職に就いてなかったというのが大きかったんでしょうね。あの頃は通い婚のダンナを自分の実家で歓迎するために、あれこれお金をかけなきゃならなかったそうですから。10代の結婚が当たり前の時代ですから、30歳手前の独り身の女の人には周りの目がかなり微妙だったみたいですね。ボクらが若い頃も、まだ今と違って「女は25（日）以降は売れなくなるクリスマスケーキ」とかひどいことを言われてたくらいでした。

「本気だったの？　遊びだったの？」

ちなみに、紫式部がそれまでに男とつきあったことがあるかどうかっていうと、「ある」という証拠になりそうな歌があるんですね。『紫式部集』っていう、紫式部が詠んだ和歌を集めた本があって、その中の４番目に意味がけっこう難しいけど際どいのがありましてね。

方たがへにわたりたる人の、なまおぼおぼしきことありて、帰りにける早朝（つとめて）、朝顔の花をやるとて

おぼつかな　それかあらぬか　明け暗《ぐ》れの　空おぼれする　朝顔の花

方違《たが》えっていうのは、自分の行きたいところが縁起の悪い方角だったりしたときに、いったん別の方角にある知り合いの家に行って一泊してから次の日に行くことなんです。この場合、まず前置きで、方違えとか何とか言って紫式部の自宅に上がり込

んで、その晩に「私におかしなことをしといて、私のことをほんとに好きなのか嫌いなのかはっきりしないまま明け方に出ていった」男に向けて出したのがこの歌ってことですね。

歌の意味は、男を朝顔になぞらえて「本気だったの？　遊びだったの？　それがわからないように、まだ薄暗い明け方の暗さでお顔の表情をゴマかしてたわよね、あなた？」と。だいたい20代前半の頃の歌だそうですから、ヤることはヤっていたんでしょうかね。

紫式部が自分のトシを気にしていたのは本当かもしれませんね。唐代の白居易《はくきょい》っていう詩人の詩で、散歩中に日陰で散りかけてる遅咲きの桃の花を見つけて「誰の目にも触れずに散ってしまうなら、オレが枝を折って持って帰ってやるか」と歌ったのがあるんですけど、紫式部がそれに引っかけた桃の花の和歌を宣孝に送ったんですよ。すると宣孝は「桃という名前は百＝ももに通じるから100年いっしょにいよう。すぐ散っちゃう桜より桃だろ」という意味の返事を、これまた和歌で返すんですね。めんどくさいけど、おしゃれですね。

とにかく、雪解けはほんとに来た。解けないはずの白山の雪解けですよ。それはまた10年間無職だったお父さんの再就職ともども、いい方向に運気が回り出したってことじゃないでしょうかね。紫式部は宣孝と結婚して、間もなく賢子《けんし》っていう名の女の子を産んでいます。女性なのに珍しく本名がわかってるのは、ずっと後に、大人になった賢子が大弐三位《だいにのさんみ》という別名で女房三十六歌仙にも選ばれるくらい活躍したからなんです。

「送った手紙を全部返して」――紫式部が激怒

ただ、夫婦の私生活のほうは、早くもキナ臭くなってたんですね。あの頃の結婚生活は同居じゃなくて男が女性宅に夜な夜な通う通い婚ですから、夜来なければ、手紙をやり取りして会話するしかないですけど、それがけっこうな数、残ってるんですよ。

で、新婚間もない頃からの歌のやり取りには、のろけ話やラブラブなのがないんですよね。たとえば、宣孝が近頃紫式部の家を訪ねて来ないことになんやかんや言い訳がましいことを歌で送ってきたので、紫式部は歌で「世の中はもう秋ね。あなたも早々と私に飽きてきたようね」と返します。

紫式部は「飽きていても、悲しんでる私のことも考えてよ」としおらしいことも言うんですが、やっぱり「浮気しないって言ってたの、誰でしたっけ?」「私が秋の月を眺めて夜を明かしたのはなぜか、あなた考えたことあるの?」「私じゃなくて、よその人が目当てだってわかってたのに、ずーっと待ってた私ってバカみたい」と、やっぱり激オコですよ。

宣孝の言い訳は、「機嫌が悪そうだったから、怖くてさ……そっちに行ったんだけど、途中で逃げ出したんだ、すまん」ですからね。どうも紫式部の家の前を素通りしたのがバレたようですね。男の人は誰も彼もなんでこう、バレバレな言い訳ばっかりするんでしょうかね。宣孝は、自分より20歳近く年下なのに、勝ち気で恐ろしく深い教養のある紫式部の前で、中途半端な知識でもひけらかそうものなら、たぶん立ちどころに突っ込まれたり論破されたりしたでしょうから、だんだん敬遠するようになったんでしょうかねえ。

他にも紫式部が「私が送った手紙、全部こちらに送り返してくださいな。さもないと、もう一切お返事は出しません」と激オコ。言う通りに送り返してきた宣孝が文面でぶーたれたら、今度は「やっと打ち解けたのに、また縁を切ろうっていうんですか」。宣孝も負けずに「打ち解けるったって、たかが知れてる。もう言葉も交わさないし、会うのもごめんだ」とキレたんですが、紫式部は「あなたがハラを立てたってちっとも怖くないわ。仲を絶つなら絶つでけっこうよ」とブチかましたんで、「はい、わたくしごときが腹を立てても仕方ないですよね」と宣孝、白旗上げました。気が強いというか何と言うか、こりゃ宣孝もたまりませんねえ……。

清少納言に皮肉られた夫・宣孝

宣孝の普段の仕事っぷりってどんなだったんでしょうかね。世渡り上手は相変わらずだったのか、結婚してから山城守の肩書ももらってます。山城国って、地方とか田舎とかじゃなくて、ズバリ京の都のある国ですね。もちろん上国です。今なら東京都知事くらいはいくんでしょうかね、ちょっとわからないですけど。

ただ、この頃に大和の国で起きた、朝廷に納めるお米の強盗殺人事件の犯行グループのリーダーが何と宣孝の領地の関係者だったり、和泉国――今の大阪府和泉市とか南西部――に雨乞いの儀式のために出向いたら、なぜか現地の人たちにボコられたりと、イマイチ冴えないお話も残っています。


実は、『枕草子』の中で、清少納言（ファーストサマーウイカさん）が宣孝について書いてるところがあるんですよ。990年の出来事についてですから、まだ紫式部が越前に行くずっと前ですけどね。

平安時代に御嶽詣《みたけ》でといって、修験道――山岳とか自然が神様で、山の中で山伏が修行する昔からの宗教というか、信仰ですね――で有名な吉野山の金剛蔵王大権現、今の金峯山寺《きんぷせんじ》に、天皇家や貴族がちょくちょく参拝に行ってたそうです。で、当たり前ですけど普通はシンプルで質素な格好で行くものなんですよ。神事で着る浄衣という白い装束ですね。

ところが、宣孝がそんな服装は違う、と言い始めたんですよ。「みんなご利益《りやく》目当てで詣でに来るんだから、誰も彼も白装束では、権現様も誰がオレだかわかんないじゃないか。お参りにはショボい格好で来い、とは神様は言ってないぞ」と言い張って、自分は濃い紫とかド派手な山吹色とかの装束を、息子の隆光には青緑や紅のカラフルな装束を着せて金峯山寺に参拝したんですよ。もちろん、周りの反応は「えー、それはちょっと……」。清少納言もそう思ったでしょうね。

ところがその後、その参拝の〝ご利益〟が本当に表れたんです。宣孝は西街道の上国のトップ、筑前守の座を射止めたんですね。今の福岡県知事くらいですけど、清少納言も『枕草子』に「ご利益てきめんだと騒がれた」と書いてます。もちろん、皮肉っぽくですよ。チャラいやり方でおいしい席をゲットしたというか、要領のいい世渡り上手みたいな書き方なんですよね。

『枕草子』は宮中で大人気の読みものってだけじゃなくて、よりによって日本の歴史に残るエッセイ集になっちゃいましたから、宣孝＝チャラ男説はあの頃の宮中の貴族みんなだけじゃなくて、ずっと後の時代、令和の時代のボクらにもバレちゃってるんですからね。ネット上に書かれたウワサ話みたいで、今さら消しようがありません。

もっとも、清少納言が宣孝をチャラ男扱いしたのは、ちょっと別の理由があるようでしてね。この年は春から疫病が大流行して、同じ九州の肥後――今の熊本県ですね――で国司を務めていた清少納言の実の父親が亡くなっているんですよ。このとき、筑前でもその前の国司の家族・一族郎党が30人以上死んでるんです。だから、そういう自分の父親も巻き込まれた大きな災いのせいで空いた席に、宣孝がちゃっかりすべり込んだように見えたんじゃないかって言われてます。

もっとも紫式部にしてみれば、自分と一緒になる前とはいえ、清少納言が自分の夫のことをチャラい奴だと大っぴらに言いふらしてたわけです。自分のダンナに他人様《ひとさま》からとやかく言われる筋合いはないわけで、清少納言に対して「何よ、あの女」くらいは思ったでしょうね。もしかしたら、紫式部が後々清少納言をキツくディスるようになる最初の原因だったんじゃないでしょうかね。

紫式部が友達に出したクール過ぎる手紙

『源氏物語』は、若いうちに親とか親類とかきょうだいを亡くしてる登場人物が多いようですね。今より疫病だの何だのがちょっと流行ると一度に大勢が死ぬことが多かった時代ですけど、それでもたとえば光源氏は3歳のときに母親を亡くしたし、6歳のときにおばあちゃんが死ぬし。もっとも、後でそのお母さんそっくりの継母と関係しちゃうわけですけどね。

若いうちの親きょうだいとの死に別れって、実は紫式部本人もそうでしてね。まずお母さんが物心つく前に亡くなって、次に20代あたりでお姉さん――名前はわかりません――も亡くなるんですよ。生まれて以来ずーっといっしょに暮らしてて、トシも大して変わらなかったそうですから、相当ショックだったと思いますよ。その証拠に、全然血がつながってない幼馴染の年上の女性を「姉君」って呼んで慕っていたんです。実はその「姉君」も偶然、妹を亡くしていたから、何て言うか相思相愛みたいな感じだったんでしょうね。

成長してからその「姉君」と偶然再会したのをきっかけに、また友達付き合いを始めたんですけど、その矢先に「姉君」は父親や家族といっしょに筑紫の国に行くことになっちゃった。しかも、紫式部の越前引っ越しとほとんど同時だったんですね。

今でいえば海外に行くのと同じぐらい遠い感じでしょうから。それに、華やかな京の都に住んでる女の人は、田舎へ引っ越すのはやっぱりイヤだったでしょうね。「姉君」も行きたくなかったらしくて、今で言えば福井県と福岡県の間の文通でも、ずっとそれを嘆く歌が添えられてたそうですね。

ただ、わりとクールなんですよ、紫式部のほうは。「月を見るだけで泣けてしまう」とか文学少女っぽい「姉君」の便りへの返事が、「そう。まあ、文通は続けましょうよ」とか、なんか冷たいんですよね。さすがに「姉君」が「もう私とは会いたくないのね」と言ってきたら、「いいえ、そんなことないわよ」といちおう言い訳してますけど。時々こういう頭のいい女の人っていませんかね？　他人のことをいつもじいっとウォッチしてて。本人はいたってフツーのことだと思ってるけど、周りからは冷たくてコワい女性だと思われがちだったり。

夫の死をキッカケに書き始めた『源氏物語』

でも、さすがにそんな紫式部でもショックを受けた「別れ」がありました。結婚から3年そこそこ、1001年の4月に、他ならぬ夫の宣孝があっけなく病死してしまったんですよ。先にお話しした映画『千年の恋　ひかる源氏物語』だと、渡辺謙さん演じる宣孝は殺されたように描かれてましたけど。

その前年の末から疫病がすごい勢いで広がって、平安京の太極殿《たいごくでん》で読経も行われたんですが、やっぱり効果なし。道端に死体が数えきれないほど転がっていたそうです。新型コロナ禍のすぐ後にこういう話を聞くと、ちょっと他人事じゃない感じですね。それに、紫式部は正妻じゃなかった。だから、たぶん死に目には会えてないんじゃないですかね。葬式だの何だのは、正妻のほうが仕切ったんじゃないかと思います。

宣孝が死んでから4～5年間、紫式部はずーっと自宅に引きこもっていたと言われています。さっきお話しした手紙のやり取りだけ見たら、単純にいがみあってるだけにも見えますけど、手紙のやり取りをちょこっと読んだぐらいじゃ、他人の夫婦の間はわからないってことなんでしょうね。亡くなってみればやっぱり愛する夫だった。ダメージは本当に大きかったんですね。

紫式部は宣孝が死んだすぐ後に、「見し人の　けぶりとなりし　夕べより　名ぞむつましき　塩釜の浦」という歌を詠んでいます。親しい人が煙となって消えたこの夕暮れ、はるかかなたの陸奥国塩釜の浦――今の宮城県塩竃市ですね――の塩焼きの煙までが私には慕わしく感じられます……という意味だそうです。

この歌、後に『新古今和歌集』にも載ったんですけど、紫式部はこれにちょっと手を加えた歌を、『源氏物語』の光源氏が死んだ恋人・夕顔を思い出すシーンで詠ませています。

その後もしばらくは、夫が死んだ傷がそのまんま残ってることが、残された和歌からもよくわかるんだそうです。一人娘の賢子が病気をしたり、ちょっとした地位にあった男から求婚されたのをまたソデにしたりもしました。そのうちお父さんの為時も、4年の任期が終わって越前から京都に戻ってきます。

紫式部がなんで『源氏物語』を書き始めたのか。やっぱりそれは、宣孝が死んだことが大きかったようですね。宣孝が生きてる頃から書き始めたっていう説もあることはあるんですが、やっぱり死んでからという説のほうが有力なんだそうです。

お父さんの為時がもう越前から戻ってきてるし、やっぱり貴族ですから2人暮らしじゃなくて、身の回りの世話をする女房が何人かいるんですよ。それに娘の賢子も今の幼稚園児くらいには成長したから、ちょっと手も空いたし。

となると、空いた時間ができますよね。悲しいことがあると、忙しけりゃちょっとは気がまぎれるかもしれないけど、何もしない時間があるとついつい思い出してしまったりしてね。夫に死なれてなかなか立ち直れずにそういう暗ーい感情をまぎらわすことがなかなかできなかった。で、何かをきっかけに、そのはけ口みたいな感じでばーっと書き始めたんだと思います。

『竹取物語』『伊勢物語』……物語の好きな友達

この頃の実家での生活を、後でこんな具合に思い出してるんですね。ちょっと長いけど、書き写しておきます。あ、めんどくさければ、ここだけトバしてもけっこうですよ。

年頃つれづれに眺め明かし暮らしつつ、花鳥の色をも音をも、春秋に行き交ふ空の景色、月の影、霜・雪を見て、「その時来にけり」とばかり思ひ分きつつ、「いかにやいかに」とばかり、行末の心細さはやるかたなきものから、はかなき物語などにつけてうち語らふ人、同じ心なるはあはれに書き交わし、少しけ遠きたよりどもを尋ねても言ひけるを、ただこれをさまざまにあへしらひ、そぞろごとに徒然をば慰めつつ、世にあるべき人数とは思はずながら、さしあたりて、「恥かし」「いみじ」と思い知る方ばかり逃れたりしを、さものこることなくおもひしる身の憂さかな。

……えーと、タネ本を見ながら解説するとですね、だいたいの意味はこんな具合です。

夫に死なれてから、毎日涙にくれながら過ごしていた。花の色も鳥の声もむなしくて、ゆううつな日々が過ぎていくだけでした。春秋の空の景色や月の光、霜雪を見てあーそんな季節なのねとわかるだけだったが、この先どうなるのか心細くて、そればかり心配していました。

でも、私には「物語」についていっしょに話せる友達がいた。しばらく音沙汰なかった人とも連絡を取って、「物語」を通して仲良くなり、あーでもないこーでもないと語り合うことで、取るに足らないような人間である私も、恥ずかしいとかツライとかいう気持ちを紛らわせた。

この「物語」っていうのは、その元祖である『竹取物語』——もちろんかぐや姫のお話です——とか、平安の初めのモテ男・在原業平を主人公にしたラブストーリー『伊勢物語』みたいな、ひらがなで書かれた、実際に起こったことじゃないフィクションですね。

漢字で書かれた難しい本を読めなきゃ男じゃないっていう時代、かな文字で書かれた、現実とは違うフィクションなんて女子どものもの、みたいに思われてましたけど、女の人は別に遠慮する必要はなかったから、今でいえばマンガかラノベみたいな感覚で、仲間でお金を出し合って物語の冊子を買ったり、他の紙に書き写したものをまとめてみんなで回し読みしたりしてたんじゃないですかね。それにしても、しばらく音沙汰のなかった人にまで連絡を取って仲間に入れるって、ほんとに熱心だったんですね。

今なら少年ジャンプやアニメと同じ？

物語好きの人たちって、かなりクセのあるオタクばっかりってイメージがありますけど、ほんとはどうなんでしょう？　人付き合いがヘタでもけっこう頭のいい人が多い、とか。紫式部もすごく賢くて、気が強くてクセの強い女の人かもしれませんね。そんな紫式部と気の合うオタク仲間みたいな人たちが、紫式部の周りに何人もいたんでしょうね。

そういう仲間ウチでの会話って、楽しそうですよね。みんな同じ物語を読んでて中身を知ってるから、その中に出てくる、たとえばかぐや姫がプロポーズしてきた王子様たちにふっかけた無理難題といった名セリフや名シーンをみんな知ってるから、普通に会話してるとき、しかるべき時にふっと出てくるわけですよ。その場の話題と重ねてシャレてみたり、パロディーにしたりすると、会話も弾みますし、みんなでいっしょに楽しめますよね。

今で言えば誰でも気軽に読んでる、たとえば少年ジャンプとかジブリとかガンダム、そういうマンガやアニメみたいなもんですかね。話題の人をドラゴンボールのキャラにたとえてみたり、何かで頑張ってるときに「あきらめたら、そこで試合終了」とか言ってみたりね。そう考えると、日本人の教養ってジャンプやアニメなんでしょうかね。

後でお話しする宮中の定子（高畑充希さん）や彰子（見上愛さん）のサロンでは、そのメンバーならみんな読んで知ってる古今和歌集の和歌とか、白居易の漢詩とかでそれをやるんですよね。なんか賢そうでかっこいいし、オシャレですよね。

〝同人誌〟が巡り巡って道長の目に留まる

そうやって楽しんでいるうちに、今ある物語じゃ物足りなくなってきたりしてね。もっとこうしたら面白いんじゃないか、「私にも書けるんじゃないかな」「書いちゃおう」と思って書き出したりしてね。紫式部なんかはもともとそういう知識はものすごくあるわけですから、書き出したら止まんないんじゃないですかね。紙は、誰か金持ち仲間に持ってこさせたりしてね。で、それをみんなで回し読みして感想を言い合ったり。

で、そうやって出来上がった同人誌――巻き物とかじゃなくて、綴じて冊子にしたものなんでしょうけど――っぽい物語本が、回し読みされているうちに「こりゃ面白い」と評判になったんですね。褒められれば、書き手も張り合いが出てきますから、あれをああしたい、こうしたい、あの人物はこんな具合に描こうか、こんなストーリー展開でいくか、などなど夢中になって書いてたんでしょうね。その間だけは、宣孝が死んだことを忘れることができたんでしょうけどね。

そしてどこからどう伝わったのか、その1冊が藤原道長（柄本佑さん）の手に渡ったんですよ。その頃はもう、後でお話しするような権力闘争に勝ち抜いて、もはや誰も敵なしのナンバーワンになっていました。娘の彰子はまだ10歳そこそこと幼いけどもう入内してて、後は一条天皇との間に男の子が生まれるのを待つばかり、という時期だったんです。

ただ、前にお話ししたように、そのためには彰子が一条天皇に気に入られなきゃならない。そのためには和歌やら音楽やらの教養が必要で、それを彰子に叩き込むことができる、すぐれた先生が何人も必要なわけです。こういうすごい人たちが集まってサロンを作ったって言いましたけど、もうね、文学とか芸術とかキレイなことを楽しくやってるっていうよりも、政治をやってるんですよ。権力を握るための教養。そのためにおカネをがんがん出して、人を集めるわけですよ、教養のありそうな女性たちを。

教養の高さがそのまま権力に結び付くなんて、他にそんな時代があったのかどうかは知りませんけどね。まあこの頃も宮中っていうのは、見た目はミヤビですけど、やっぱりドロドロの権力闘争の舞台だったんですよね。

で、道長はその『源氏物語』の冊子を読んで、「こいつは使える」と思ったんだと思います。ん？　これけっこう面白えな、書いたの誰だ？　……おー、越前に行かせてやったあの変人の娘？　そうかそうか、あの漢文の泣き言はけっこうイケてたけど、娘がもうそんなに大きくなってたんだな。あのオヤジの娘か……ちょっとクセは強そうだが、ひとつ呼んでみるか……と思ったかどうかはわかりませんけど、貴族の世界ってそんなに広くはなかったし、人づてにすぐに声をかけて、話はついたんじゃないでしょうかね。そもそもが最高権力者の命令ですからね。

このとき道長は紫式部に、この『源氏物語』を宮中でも書き続けるように言い渡したんだそうですよ。この一言によって、紫式部っていう天才の名前と、その大傑作『源氏物語』がこの世に残るキッカケになったわけでしてね。日本と世界の文学関係の方々は、道長の目利きの力と、紫式部をバックアップした財力に感謝しなきゃならないでしょうね。

1006年の暮れに、紫式部は宮中に入ります。一条天皇の皇后になろうとしていた道長の娘、彰子のもとに出仕して、彰子を取り巻く女房衆のメンバーの一人になるんですよ。この頃の紫式部、30代半ばくらいでした。

さあ、宮中でどんなお話が始まるのやら……ってところで、紫式部のお話はいったんストップして、次の章ではもう一人の主人公、藤原道長ですね。藤原兼家の三男坊、異母兄弟を入れたら五男で、藤原北家の後継ぎ争いからは完全に外れていたはずの道長が、どこでどうなって最高権力者にのし上がったのか、そのあたりをお話ししますね。

第3章

五男坊・道長は、こうしてテッペンを取った

天皇の系図

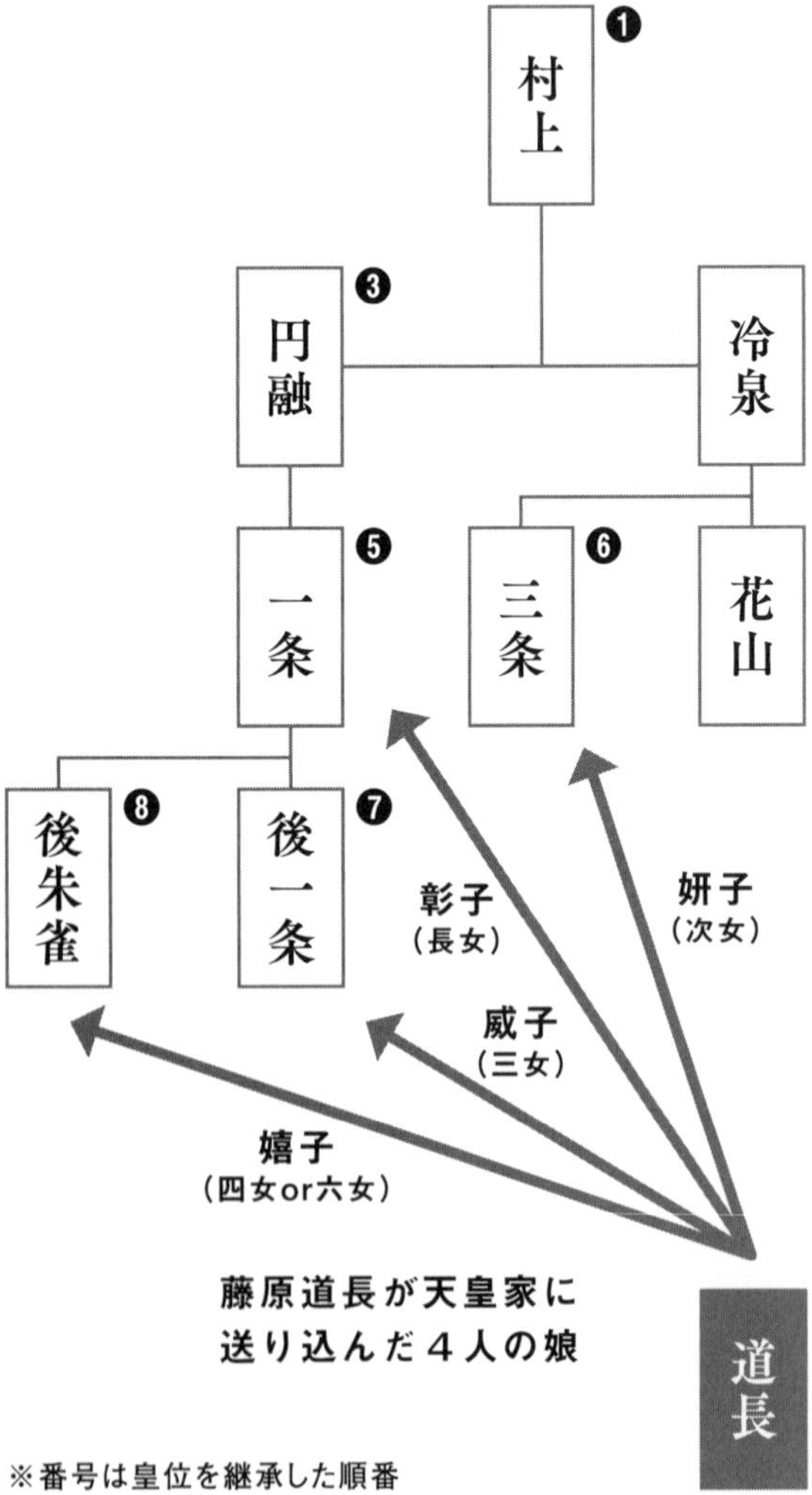

❶
村上
❸
円融
❷
冷泉
❺
一条
❻
三条
❹
花山
❽
後朱雀
❼
後一条
彰子
（長女）
妍子
（次女）
威子
（三女）
嬉子
（四女or六女）
藤原道長が天皇家に
送り込んだ４人の娘
道長
※番号は皇位を継承した順番

藤原北家 略系図

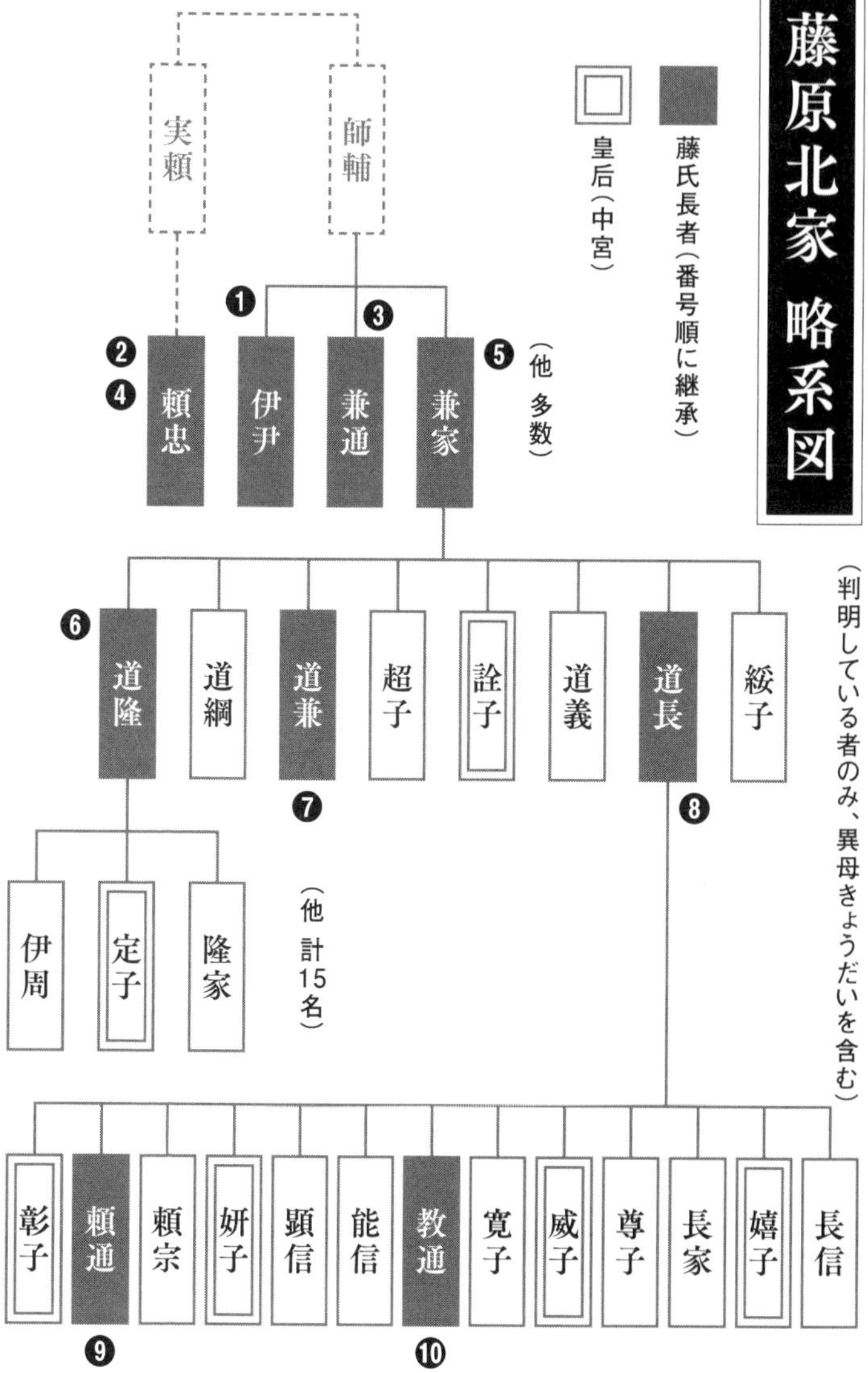
藤氏長者（番号順に継承）
皇后（中宮）
実頼
師輔
❶伊尹
❷❹頼忠
❸兼通
❺兼家
（他多数）
❻道隆
道綱
❼道兼
超子
詮子
道義
❽道長
綏子
（判明している者のみ、異母きょうだいを含む）
伊周
定子
隆家
（他計15名）
彰子
❾頼通
頼宗
妍子
顕信
能信
❿教通
寛子
威子
尊子
長家
嬉子
長信

道長の父・兼家が関白になるまで

藤原道隆

3兄弟の権力闘争、火ダネはここだった！

他の勢力を蹴飛ばして藤原家、特に藤原北家の中でも一人勝ちして当主の座に就いたのは藤原兼家（段田安則さん）。道長（柄本佑さん）のお父さんですね。兼家は自分の次女（長女の超子は早逝……）で、後で道長の出世のカギになる詮子《あきこ》（吉田羊さん）を円融天皇の皇后に据えて一条天皇（塩野瑛久さん）を産ませ、その外祖父に収まるんですよ。

この兼家には子どもが10人、その中に同腹の男の3兄弟がいまして、上から道隆（井浦新さん）、道兼（玉置玲央さん）、道長ですね。道隆はその長女の定子（高畑充希さん）を、道兼は同じく尊子を、道長は同じく彰子（見上愛さん）を入内させて、一条天皇の世継ぎを産ませようとするわけです。1年間続く『光る君へ』のストーリーのほとんどは、この一条天皇の世になるんでしょうね。

最初に兼家から権力を引き継いで関白の座に就いたのは、きょうだいの序列の順番通り、長男の道隆。まあ、キャラクターも上に立つ人にふさわしい、道長が逆立ちしても敵わないような男前。定子を一条天皇の皇后の座につけて、ともかく順風満帆だったわけですよ。

ところが、道隆は2人の弟にはオイシイ思いをさせません。自分の嫡男・伊周（三浦翔平さん）にすべてを譲る段取りを始めます。そこなんですよね、兄弟どうしの権力闘争のキッカケは。

で、そこのお話に入る前に、お父さんの兼家がまず藤原北家の中で足元をどう固めていったのかっていうところからスタートします。で、これ、めんどくさいんですけど、天皇家と藤原家の系図のお話から始めますね（130ページの系図参照）。

即位式の帳の中で女官と♡♡♡した花山天皇

まず、この時代の代々の天皇なんですが、まず第62代の村上天皇（946年〜967年）からスタートします。天皇家はその第二皇子の冷泉天皇（967年〜969年）と、その次に即位した第五皇子の円融天皇（969年〜984年。阪東巳之助さん）の2つに分かれて、その後は冷泉側、円融側から順番に天皇が出るんですよ。鎌倉時代からこれを「両統迭立《てつりつ》」って呼ぶようになった、って授業で習ったのを思い出されるかもしれませんね。

冷泉天皇はわずか2年で退位。どうもメンタルがかなりヤバかったっていう話が残っています。そして円融天皇の時代が15年とけっこう続いてその次、冷泉側の花山天皇（本郷奏多さん）。冷泉天皇の第一皇子ですけど、このお方がちょっと問題でしてね。お父さんの冷泉天皇に輪をかけたメンヘラというか自由奔放というか、相当ヤバい人だった……そんなエピソードがてんこ盛りなんですよ。

花山天皇はまず17歳で即位しましたけど、まさにその即位の日、大極殿──平安京の大内裏の中で、天皇が大事な国家の儀式をやったり、外国からの使節をお迎えする施設ですね──の高御座《たかみくら》、つまり天皇の玉座にですね、式の直前に女の人を引っ張り込んで、その場で犯しちゃった……というエピソードが残ってるんですね。

高御座には屋根があって、その周りには帳《とばり》が降ろしてあるから、周りから中は見えないんです。即位の式っていうのは、玉をつなげた帯と冠を身に付けた皇太子が、三種の神器（八咫鏡《やたのかがみ》・天叢雲剣《あまのむらくものつるぎ》・八坂瓊曲玉《やさかにのまがたま》）といっしょにちょっとの間にその中にこもった後、にわかに女官が帳をパッと開ける。すると中から三種の神器に霊力をもらった新しい天皇が登場、そこに集まった役人たちがその姿にハハーッとひれ伏す……っていう段取りなんです。

ところが花山天皇は、帳が上がる前に、よりによってその女官とヤってしまった、と。帳の中で、帯の玉がチリチリ音を立ててた、という話が残っています。むちゃくちゃですよ。たとえば昔の来日ロックスターだって、それはそれはワイルドな方々でしたけど、コンサートの最中にそこまでやったとは聞いたことがありませんからね。ソープランドに来てた話なら知ってますよ。誰とは言いませんけど。

女好きが過ぎてやらかした〝親子丼〟

花山天皇はとにかく女の人が好きでしてね。そりゃお世継ぎを作らなきゃならない身分の方ですから、好色って全然悪いことじゃないですよ。ただ、天皇でいた時期も、後で出家して上皇になってからも、やたらめったら女性に手を出した。子どもは全部で4人できたんですけど、全員が出家後にできた子なんですよ。お坊さんの戒律なんか、知ったこっちゃなかったわけです。

しかもその4人は2人の母親から生まれたんですが、その2人は何と母と娘なんですね。つまりですね、あんまりいい言い方じゃないですけど〝親子丼〟をやっちゃった。大人のビデオなら『義母シリーズ』ってありますけどね。さらにさらに、この母娘の女主人は花山天皇の叔母で、花山天皇はその叔母とも関係してたんですね。

何だか胸が悪くなってきそうですけど、花山天皇はその叔母を後になって自分の弟にあてがってます。その弟である為尊親王も、イヤがるどころか「悪くねえな」と喜んでたっていうからビックリですね。実は親王、後で出てくる紫式部の同僚で平安時代を代表する歌人の一人、和泉紫式部との不倫スキャンダルでも有名な人なんですよ。兄弟そろって恐れ入りますよねえ、ほんとに。

溺愛した女性を救うために狂奔する

そんな花山天皇がとりわけ溺愛していた女性がいるんですよ。藤原忯子《よしこ》という女御——皇后、中宮の次くらいに天皇に近い女性です——が好き過ぎて、家に通い詰めるんですよ。そして花山天皇が最初に妊娠させた女性です。井上咲楽さんですね、『光る君へ』で演じるのは。ホリプロの先輩の山瀬まみさんの後を継いで、『新婚さんいらっしゃい！』（1971年〜　ABCテレビ）の8代目司会者になったばかりですね。

実はこの時代って、血液とか死体はケガレといって極端に忌み嫌われてて、出産するときに血が出る妊婦さんも同じようにケガレと言われてたんですね。だから、内裏をケガしちゃいけないってことで、天皇のお相手といえども必ず実家に帰されてたんです。今から見ればなんじゃそりゃ？　ですけどね。

ところが、花山天皇はそれをイヤがったんですね。ずっと身近に置いておいた。でも、それだけでお世話はしなかったってことじゃないですかね。つわりがひどかったのに、ずっとほっとかれてたんですよ。だから5カ月目にやっと里帰りを許されたときは、忯子はもう衰弱していてやせ細ってたんですね。

花山天皇はもう、忯子を救うために無我夢中ですよ。国の財布からの持ち出しで、回復祈願の祈禱《きとう》を始めるわけですよ。しかも、とても食えるはずのない食い物を忯子の実家に送ってよこしたり、昼も夜も「大丈夫か？」と使いを送る。そのお使いが遅刻すると、宮中への出入り禁止とかわけのわからない罰が待ってる。

そのうちまた内裏に連れてきたらもう嬉しいの何ので、寝所で昼も夜も忯子の横でずーっと添い寝してるわけです。花山天皇が18歳、忯子が17歳。高校生どうし、というより花山天皇が1人で暴走してるだけなんですけどね。

それ純愛と違う？　と思われるかもしれませんけど、忯子にとっちゃ、たまったもんじゃなかったと思いますよ。それからまた忯子が里帰りしたときは、もう手の施しようがなくなってて、とうとう身ごもったまま忯子は死亡。花山天皇は号泣また号泣、尋常な様子じゃなかったと言われてます。

天皇をそそのかして退位させる〝うまいアイデア〟

冷泉系の血筋の花山天皇は、兼家にとっては縁が遠いから「おいしくない」んですよね。摂政とか関白とか、政治の頂点の座に就いておいしい思いをするためには、花山天皇じゃなくて自分の次女・詮子と円融天皇との間にできた懐仁《かねひと》親王＝一条天皇に天皇になってもらわないとダメなんですよ。実際に花山天皇が一番頼っていたのは、外叔父の藤原義懐（高橋光臣さん）。兼家の兄・伊尹《これまさ》の五男でしてね。

兼家は焦っていたんです。なぜかっていうと、花山天皇が即位したとき、兼家は56歳。今のボクと同い年ですよ。人生１００年時代の今ならまだお若いですねえ、で終わりですけど、あの頃ならもう立派な高齢者ですからね。花山天皇が懐仁親王（後の一条天皇）に天皇の座を明け渡す前にお迎えが来ちゃったら、死んでも死に切れないわけですよ。

それに、追い風もあったんです。ずっと下の位にいた義懐を引っ張り上げたことで、花山天皇は他の貴族たちからも総スカンを食っていたんですね。そもそもヤバいそのキャラとも相まって、花山のままじゃまずい的な空気が貴族たちの間にもあったようです。兼家はそこもしっかり見極めていたんじゃないでしょうかね。

そこで兼家は何をしたのかというと、まだ若い花山天皇をそそのかして、天皇の座を自分から「もう降りよう」と言わせるような策略を練ったんですよ。もうちょっと具体的に言うと、忯子が死んでドンヨリ落ち込んでいる花山天皇に、「出家しましょう」とオススメするんですね。天皇は神ですから、仏教は信じるだけならOKですけど、プロの坊さんになったらやっぱりまずかったんです。だから、坊さんになるなら天皇の座から降りなきゃならないんですよ。

そこでひと役買ったのが、その頃蔵人《くろうど》という花山天皇の側に仕える職に就いていた次男・道兼（玉置玲央さん）でした。蔵人は、仕事と私生活の両方で天皇の面倒を見る役職なので、信用されてなきゃ務まらないポジション。そのトップである蔵人頭《くろうどのとう》はバリバリの出世コースです。道兼はその信用を逆用したんですね。落ち込んだままの花山天皇に、「陛下、いっしょに出家しましょう」と持ちかけたんですよ。

花山天皇と道兼がひそかに宮中を抜け出して、夜道を走った末にお寺に駆け込む一部始終が、お話として記録に残ってますね。『大鏡』っていう、正確な歴史書とまではいかないけど、面白い物語集です。

986年6月22日の夜中、東の空に月がかかる頃、花山天皇は平安京の清涼殿——天皇の日常生活の場ですね——の部屋から外に通じる小戸を開きます。いっしょにいるのはもちろん道兼。「こんなに月が明るいと、見つかっちゃわないか?」とビビる天皇に、「三種の神器はもう、東宮の皇太子(=次の一条天皇)のところに持っていっちゃったんですから、今さら後戻りなんかできませんよ」と尻を叩きます。

さて、いざ出ようってところで、今度は花山天皇、死んだ忯子からもらった手紙を持っていくのを忘れていたことに気付きます。悲しくてほとんど破り捨ててたけど、1通だけ肌身離さず持っていたのを、どうもどっかに置き忘れたらしい。「ちょっと待った」と取りに戻ろうとする花山天皇に、道兼は「まだそんなものに……また月が出ちゃったらどうするんですか! もう出るチャンスはないですよ」と、天皇の目の前でウソ泣きまでして見せたんですね。

で、月が雲にかくれたタイミングで2人は外に飛び出し、都大路を駆け抜けて賀茂川を越え、今の京都市山科区北花山にある、今はないけど元慶寺というお寺に飛び込みます。そしてその場で剃髪をすませるんですけど、道兼はというと「あ、最後におやじに挨拶してきますからちょっと出ますね」と言うもんだから、さすがの花山天皇も「ダマされた」と気付いて大泣きしますが、もう遅かったんですよ。

その頃、宮中では「天皇が消えた」って大騒ぎになってますが、あらかじめ三種の神器を勝手に東宮まで持ち出したのは道隆と異母兄弟の道綱（上地雄輔さん）。道々何かあったときのために、兼家は選りすぐりの武士2人を雇って、陰ながら2人を尾行して警護させて……と、親子そろっての大仕事だったんですね。

安倍晴明の自宅前を通り過ぎて……

『大鏡』では、2人は途中であの陰陽師・安倍晴明（ユースケ・サンタマリアさん）の家の前を通りかかったとき、家の中から晴明が手をはたはた打ちながら「帝が退位あそばされたとの異変よ」「天の相には、事はもう起こってしまったと見えるぞ」と大声で叫んだのが聞こえたってことになってます。花山天皇へのプレッシャーなんでしょうかね。急いで宮中に報告するために、晴明の代わりに式神を1人先に飛ばした、とも。式神っていうのは、陰陽師が使う目に見えない精霊のことで、晴明宅の誰もいないはずの部屋の扉が開いて、何かが出ていったとか。

花山天皇と道兼がたどったルートからすると、晴明の自宅——京都の晴明神社じゃなくて、その東南へ約700メートル行ったところ、住所でいえば今の上京区上長者町通新町西入ル土御門町《つちみかど》だそうです——の前を通ったたっていうのはいちおうツジツマは合ってるんだそうですけど、さすがに盛り過ぎじゃねーかって気もしますよね。ただ、兼家親子の念の入った花山天皇出家計画が行われて成功したのは事実なんですよね。この一連の事件は「寛和《かんな》の変」って呼ばれています。

ちなみに、花山天皇に漢学を教えていた紫式部のお父さん、為時が職を失ったきっかけは、まさにこの出家事件でした。花山天皇の仲間だと見られたんですね。

そんなこんなで986年6月、花山天皇が退位し、兼家の長女・詮子が生んだ懐仁親王が即位し一条天皇に。わずか7歳ですよ。これは平安末期、鳥羽天皇が5歳でその座に就くまでの最年少記録でした。その外祖父となった兼家は藤原家の氏長者となり、念願の摂政の座に就きます。外祖父摂政っていうポジションじたいが、約130

年ぶりの復活だったそうです。

ここから一条天皇が在位した1011年までの25年間が、『光る君へ』で扱われる時代ってことになりそうですね。この年の紫式部はまだ10代の少女。道長は21歳になって、内裏の清涼殿に昇殿。官位も蔵人から少納言と左少将に上がったばかりで、源倫《とも》子《こ》（黒木華さん）と結婚する1年前でした。

兄の自宅前を牛車で素通りしたばっかりに……

ちょっと時間を巻き戻しますけど、念願のてっぺんに立った兼家ですが、実はそれまでにやっぱり自分の兄弟の間でのゴタゴタでなかなか上に上がれなかった人なんですね。もちろん、藤原北家っていう名門の出で、九条右大臣・藤原師輔のムスコ（130ページ系図参照）。お姉さんの中宮安子が冷泉天皇、円融天皇の両方のお母さんですから、血筋じたいはバッチリ。ピン芸人のやす子じゃないですよ。

ところが、兼家は三男なんですよ。師輔の長男の伊尹、次男の兼通《かねみち》の次なんですね。最初はよかったんですよ。晴れて冷泉天皇の外祖父になった伊尹とは仲が良かったから、順調に出世したんですけど、途中で兼通を追い抜いちゃったことで、その仲が険悪になってしまったんですね。そこで運悪く伊尹が早死に。兼通がその後釜で円融天皇の関白の座に就いたから、兼家は位を格下げされて。昇進も止められちゃった。詮子を円融天皇の女御にしようとしたのも、兼通にジャマされてダメになったんです。

ほんの一瞬、チャンスはあったんですよ。977年、兼通が重い病気にかかるんです。よっしゃ！　とばかりに兼家は円融天皇へ昇進のお願いをしようと、牛車に乗って大行列で清涼殿に向かうんですね。自宅で寝たきりの兼通はその車列に気づいたんですが、「おー、見舞いに来てくれるのか」と勘違いしてずっと待ってたんです。ところがその車列は、兼通の自宅の門の前を素通りしていったんですね。

怒りまくった兼通は、死ぬ寸前の体を引きずって参内して、最後の人事を行うんですね。そして自分の後継に、従兄弟の藤原頼忠（橋爪淳さん）を選ぶんですね。もしこのとき、兼家が兼通をお見舞いして「兄さん、すまん」とか何とか言ってたら、案この度はご購読ありがとうございます。アンケートにご協力ください。

本のタイトル

●ご購入のきっかけは何ですか？（○をお付けください。複数回答可）

1 タイトル　2 著者　3 内容・テーマ　4 帯のコピー
5 デザイン　6 人の勧め　7 インターネット
8 新聞・雑誌の広告（紙・誌名　　　　）
9 新聞・雑誌の書評や記事（紙・誌名　　　　）
10 その他（　　　　）

●本書を購入した書店をお教えください。

書店名／　　　　（所在地　　　　）

●本書のご感想やご意見をお聞かせください。

●最近面白かった本、あるいは座右の一冊があればお教えください。

●今後お読みになりたいテーマや著者など、自由にお書きください。

どうもありがとうございました。

郵便はがき

おそれいりますが
63円切手を
お貼りください。

1028641

東京都千代田区平河町2-16-1
平河町森タワー13階

プレジデント社
書籍編集部 行

フリガナ		生年（西暦） 年	
氏　名		男・女	歳
住　所	〒 TEL　（　　）		
メールアドレス			
職業または学校名			

ご記入いただいた個人情報につきましては、アンケート集計、事務連絡や弊社サービスに関するお知らせに利用させていただきます。法令に基づく場合を除き、ご本人の同意を得ることなく他に利用または提供することはありません。個人情報の開示・訂正・削除等についてはお客様相談窓口までお問い合わせください。以上にご同意の上、ご送付ください。
＜お客様相談窓口＞経営企画本部 TEL03-3237-3731
株式会社プレジデント社　個人情報保護管理者　経営企画本部長

外すんなり関白になれてたかも知れませんね。

間もなく兼通が死んで、やっと上がり目が出た兼家は、円融天皇に「引き上げて下さいよー」という意味の長歌を献上したんですけど、「しばらく待ってろ」とシブいお返事。翌978年にすかさず詮子を円融天皇の女御に送り込んで、すぐに懐仁親王が生まれるんですけど、関白・頼忠が自分の娘の遵子《のぶこ》を中宮（この頃は皇后と同じ意味ですね）にしちゃった。遵子の弟の公任《きんとう》（町田啓太さん）にも「娘さん、いつ皇后になるんですか？」といじめられた兼家は、こりゃダメだとふてくされて東三条の邸宅に引きこもり、円融天皇の呼びかけにも病気だとか何とか言ってろくに返事をしなくなったそうです。

そうこうするうちに円融天皇は引退、花山天皇の時代に移ってしまいます。兼家から見たら、花山天皇は伊尹兄貴の長女の子。天皇のおじいちゃんになって、摂政・関白になる！　という目標からは程遠いわけです。じゃあ、どうするか……ってところでさっきお話しした花山天皇をそそのかして出家させる話につながるんですね。

一条天皇が即位して、その母親の詮子は皇太后の座に収まります。形勢逆転ですよ。頼忠の娘・遵子中宮にはついに子が産まれなかったので、公任は詮子の女房の1人から「素腹（子が産まれなかった）の后はどちらにおいでで？」としっかりリベンジされたそうです。

年収3～5億円、住まいは数十億円の大豪邸

しかしですね、兼家がなかなか摂政関白になれなかったって言ったって、天下の藤原北家ですから、その稼ぎと財産はハンパなかったんですね。まず官職次第で国からもらう田んぼや米がすごかった。そこに加えて自分で持ってる荘園からは税金のかからないアガリがありますからね。まして藤原氏の氏長者ともなると、今で言えば年収3億円とか5億円の世界だったそうですね。そりゃチャンスがあれば、誰だっててっぺんを取りたくなりますよ。

当時、兼家がどんな家に住んでたかご存じですか？　いや、みなさん恐らく覚えて

おられると思うんですよ。寝殿造り。歴史や古典の教科書とか資料集に出てた、あの立派な建物です。平等院鳳凰堂とか京都御所が有名ですけど、兼家が住んでいたのもその寝殿造りで、「東三条殿」と呼ばれた大豪邸。後に道長や、その息子の頼通もここに住んでいたことで知られてます。

だいたい120メートル四方の敷地内に、家の主が住む寝殿を中心にいくつかの左右対称の対屋っていう建物が並ぶ。広々とした庭には、釣りや舟遊びをする池とか、散歩して楽しめる山とかがレイアウトされてましてね。この庭で貴族たちが優雅に舟に乗ったり、歌会を催したりする。だいたい今、平安貴族って言われると思い浮かぶイメージのほとんどがこれですよね。

今なら数十億円だかの豪邸で、あの頃の一般庶民が何百年も働かないと買えないお値段だそうです。今の京都市中京区、住所で言えば押小路通釜座西北角。京都御所から丸太町通り沿いに西にちょっと行ったあたりにあったそうです。その頃の敷地や建物は、もちろんもう残ってませんけどね。

数百人の貴族が大乱闘、自宅をぶち壊された兼家

ところがその豪邸が、何と貴族の集団どうしの大乱闘でぶち壊されたんです。相手は右大臣藤原師尹《もろただ》の従者たち。同じ藤原北家ですけど、兼家なんかとは違う流れです。ただ、戦とか政治的な争いとかじゃなくて、ただのケンカ。兼家の何人かの従者と、師尹の何人かの従者が、きっかけはわからないけどひどいケンカになって、そのときに師尹の従者の1人が死んだんです。

そのリベンジを果たすべく、師尹の従者が何と数百人も集結。兼家の豪邸に押し寄せて、家屋をぶっ壊し始めたんです。兼家は兼家で、弓矢などで武装した者を3人雇い、従者たちも戈《ほこ》を手に取って応戦しますが、師尹サイドも持参した弓矢で攻撃、今度は兼家側の従者に大怪我する者が出るんですね。

繰り返しになりますけど、平安貴族の男たちは、実はけっこうな乱暴者ぞろい。名門のプリンスどうしが、くだらないキッカケで仲間どうし声を掛け合って、殺傷沙汰や刃傷沙汰をしょっちゅう起こしてたんです。そういう記録がずいぶん残ってます。大

石静さんがおっしゃってる、まさに「バイオレンス」なんですよ。

これ、昭和・平成に置き換えたら、太陽族とか、あと暴走族とかチーマーとか、最近で言えば半グレどうしの争いですかね。でも、貴族のボンボンたちはいとも簡単に人を殺すし、それへのリベンジがまたハンパなかったそうですから、もっとタチが悪いかもしれませんね。戦に発展しないだけ、まだマシではありますけど。

そうなると、京の都も全然ミヤビじゃない、コワい場所ですよね。都で今の警察官と裁判官の役目を負ってたのが検非違使です。そんな貴族のヤカラも庶民のワルもわんさかいたわけですから、治安なんて最悪だったと思いますよ。取り締まるには逮捕するだけじゃ足りなくて、彼らをビビらせるものがなきゃいけません。

だからなのか、現場では前科者たちを使ってニラミをきかせてたんですよ、検非違使は。今の刑事さんでも見た目がヤバい人がいらっしゃいますけど、毒をもって毒を制する、みたいなね。さすがに貴族の人たちにとっちゃあ、別世界の人たちですからね、心理的にはそれなりに効果はあったんじゃないでしょうかね。

兼家の奥さんが書いた、歴史に残る日記文学

もうちょっとだけ、兼家のプライベートなお話をしますね。兼家には奥さんが何人かいて、その中で寧子《やすこ》——記録では道隆、道兼、道長たちの異母兄弟・道綱を産んだ「道綱母」って書かれてるんですけど、『光る君へ』で財前直見さんが演じるこの寧子は、日本の3大美人の一人とも言われてた超美人であるうえ、歌人として名高い女性なんですね。その寧子が書いた『蜻蛉《かげろう》日記』っていう日記があります。上中下の3巻で、寧子が20歳くらいから40歳くらいまで20年間書き続けた日記です。

そもそも日記文学っていうのが平安時代から始まったんです。有名な紀貫之の『土佐日記』がそのトップバッターですね。「男もすなる日記といふものを、女もしてみむとてするなり」っていう出だしを読んだことがあるんじゃないですかね。紀貫之っていう男の人が、女のフリして書いた日記なんですね。坂本龍馬はもちろん出てこないですよ。

貫之は和歌の達人で、古今和歌集を編集するときに和歌のチョイスを任されてた1人です。「男子の教養は漢学」って時代に、ひらがなを使うのが恥ずかしかったのかどうかはわかりませんけど、やっぱりひらがなでしか書けない、日本人っぽいやわらか表現っていうものがあると考えた貫之が、女のフリをしてそこを追求したんでしょうね。

この『土佐日記』がヒットして、多くの貴族の女の人たちに「ワタシも書いていいんだ!」と思わせたおかげで、女性の書き手の文学を大きく発展させたんだそうです。寧子もその1人だったんでしょう。『蜻蛉日記』は、そういう流れで出てきた、こっちはほんとに女の人が書いた日記文学なんですね。

『蜻蛉日記』は嫉妬のオンパレード

寧子は藤原氏出身の名門だし、和歌で知られる人ですから、『蜻蛉日記』にはアートなお話が少なくないそうです。ただ、書かれてるエピソードの中心は、ソソとした高貴なマダムたちが、大豪邸のきれいな大庭園で優雅に過ごす午後……もないことはないんですが、一言で言えば「嫉妬」なんですよ。

いやとにかく、兼家があっちこっちの女の人に手を出すわけですよ。わかってるだけでも妻と妾で合計9人。時期はズレているそうですから「週に9人」とか頑張ってたわけじゃないんですけどね。そういえば昔、週に8人の女性と会ってた絶倫の男性アナウンサーが話題になりましたけど。道綱が生まれてから兼家がその心変わりしていくさまを「うつろいたる菊」って言って、とにかくイライラ、ヤキモキする毎日が書かれてるんですね。

『蜻蛉日記』に載ってる全部で261もある和歌の中で、特に有名なのが、「なげきつつ　ひとりぬる夜の　あくるまは　いかに久しき　ものとかは知る」。ため息つきながら、1人で夜明けまで過ごす夜がどれだけ長いのか、あなたにはわかっているのかしら？　……って、よその女の家に入り浸ってる兼家に向けてる歌なんですけどね。これ、後で百人一首にピックアップされてます。

たとえば、しばらくやってこない兼家の文箱を開いたら、他の女に出す手紙を見つけて、思わずその手紙の空いたところに、「もう、こちらにあなたが来ることはないのでしょうか？」と書いてみたり、また新しく女が増えたのがミエミエなのに、笑顔で「しばらく顔を出さなかったのは、お前の愛情を試したかったのさ」とヌかす兼家にイラッとしたり。

あるいは、「あ、用事忘れた」って急に出ていった兼家の牛車を、家の者に後をつけさせたら、牛車はなんたら小路の女の家の前で停まった……等々。そうなると、描かれてるのは女の人の嫉妬心というより、スキだらけなのにバレないと思ってる男のアホさのほうなのかもしれないですね。

「人並み以下でしかない私の人生も書いていいのよね？」

かと思うと、道隆・道兼・道長や詮子の母・時姫にも負けていられるかとメラメラしてたり、その3兄弟に対抗する1人息子の道綱がかわいくてしょうがなくて、宮中で得意の弓矢を競って勝ったことに大喜びしたり、逆にイライラから道綱に当たり散らしたり。

でも実際の道綱は、政治の才能は3兄弟には到底かないっこなかった。それに「40になっても、自分の名前以外の漢字が読めない」ってバカにされてるくらいなので、母親の文学の才能も受け継がなかったようですね。ただし、おっとりした性格で、後の紫式部の同じサロン仲間、和泉紫式部には「あはれを知る人」、つまりやさしくて感じのいい人、と思われてたようです。

『蜻蛉日記』は『源氏物語』より50年くらい前に書かれた日記ですけど、『源氏物語』の描写の仕方や、心のうちの表現の仕方に大きな影響を与えたと言われてます。女の人が、その心情をド直球で書いた日記って『蜻蛉日記』が最初なんだそうです。日記の中には、「フィクションの物語なんて嘘だらけなのに書き物になる。それならせいぜい人並み以下でしかない私の人生を書いてもいいのよね？」という意味のことが書いてあるんですね。

『源氏物語』が宮中の貴族たちに熱心に読まれた理由の一つは、その舞台の設定とか描写とかにすごいリアリティがあることだったんですね。フィクションが『蜻蛉日記』みたいなドロドロの現実に負けないためには、そういう細かいところを見たり調べたりしてぎっちり書き込まなきゃ、と紫式部に思わせるところもあったんじゃないですかね。やっぱりこういう作品がいくつもあったから、それを踏まえて書かれた『源氏物語』が、何て言うかそれらの集大成みたいな感じですごい作品になったんでしょうね。

即位式に人の〝生首〟が投げ込まれて、兼家は……

さて、強引すぎるやり方で念願の摂政の座に就いた兼家。次女・詮子の子で、数えで7歳の一条天皇の後見人、というよりその代わりに政治をやるわけですが、やっぱりムリをすれば何かが起こるんですね。天皇交替から1カ月後の一条天皇の即位式も、やっぱり花山天皇のときに負けず劣らずヤバいことになったんです。

どういうことかというとですね、その前の花山天皇が、自分の即位式のときに御高座の帳の中で♡したことはお話ししましたよね。もちろん、一条天皇はまだそんなお年じゃなかったんですが、その同じ御高座の帳の中に、「髪つきたるものの頭」……つまり、人間の生首が放り込まれたんですよ。

もちろんその首は血だらけだったから、死体の首を切り取ったんじゃなくて、誰かがこのために誰かを1人殺したんですよ。新しい天皇の即位式に、またもやケガレの極みを見るハメになったってことですよ。その場の責任者は卒倒しそうになりながら、人を遣わして兼家にそのことを報告したんだそうです。

で、生首のことを知らされた兼家はどうしたか。その連絡係が後で振り返った話が残ってるんですが、兼家は急に眠そうな顔になって、そのまま黙り込んでしまった。聞こえなかったのかな？　と思ってもう一度繰り返したら、今度はほんとに眠りこけてしまった。その場に茫然と立ったまま、とまどっていたら、いきなり目を覚ました兼家が「おう、もう準備は終わったのか？」。

そこでその連絡係は、はっと気づいたんですね。兼家は、オレは何も聞かなかった、だから何も知らない、ってことにするつもりなんだな、ってね。忖度って昔からあったんですねえ。現場責任者の人も、後々になって「あんな晴れの日の行事が、当日になって中止になるなんてありえない。生首は、別に兼家様にあえてお伺いを立てなくても、現場の判断で隠しときゃよかったんだよ。兼家様も、オレたちのカンの悪さに呆れただろうな」と振り返ってるんです。『半沢直樹 season2』(2020年)で段田さんがやった紀本常務だったら、もしかしたら同じことを……いや、やるなら柄本明さんの箕部幹事長でしょうね。

天下を取ってから5年で死んだ兼家

結局、その生首が誰のものか、放り込んだのが誰なのか等々はわからずじまい。けど、その容疑者候補はとても絞り切れなかったでしょうね。他家の貴族にも、藤原氏の中にも、さらに藤原北家の中にも、兼家に反感や恨みを持つ人は山ほどいたわけですからね。でも、仮にも人が1人殺されてるんですからねえ。今だったらすぐさま警察が動くんでしょうけど、恐らくそれもなかったんじゃないかなあ……いやー、権力争いって怖いですよねえ。

即位式から4年後、990年の正月に一条天皇は、まあ兼家が急がせたんでしょうけど、11歳と早めの元服。それと同時に、嫡男・道隆の長女、定子を入内させるんですね。そのときはもう一条天皇のおじいちゃんでしたけど、さらに孫が天皇と結婚して皇后になる。心配したくなるくらい濃過ぎる血縁ですけど、政治的には最強ですよね。

でも、兼家はそこから急にガクンと衰えていくんですよ。5月には落飾《らくしょく》——身分の高い人が髪を剃り落として出家することです——し、7月に永眠します。あっという間。享年60でした。てっぺんにいたのは5年程度でしたね。都道府県知事の4年の任期よりちょっと長いくらい。兼家が満足したかどうかはわかりませんけどね。

道隆が後ろ盾だった定子サロンと清少納言

清少納言

皇后と中宮は「違うけど同じもの」

さて990年、死んだ兼家の嫡男・道隆が38歳で後を継ぎます。まず何をやったかは、もちろん長女の定子を一条天皇の正室にするために宮中に入れることです。で、それをほんとにやったんですけど、そこですごくムリを通したんですよ。

どういうことかというと、まず一条天皇の母親である実の妹、詮子がこのとき皇太后。次に円融天皇の中宮だった遵子っていう女性が皇后、さらに冷泉天皇の中宮も皇太后になってて、そこにさらに定子を皇后にしようってなったことで、后＝キサキを名乗る人が4人もいることになっちゃったんです。

この頃は天皇自身が若死にしたり、辞めさせられたりでみんな早いうちに交代してるから、その奥さんたちが若いまま元気でいるのはしょうがないんですけど、そりゃ多過ぎるだろというのが世間や貴族たちのヒソヒソ声でした。

じゃあ道隆はどうしたのかっていうと、定子に「中宮」って名乗らせたんですね。いや、ほんとは同じ意味なんですよ、中宮と皇后って。ところが、「定子は皇后じゃなくて中宮なんだから、他の后と同時にいてもＯＫ」って。じゃ、中宮は天皇の正室にはなれないのかというと、「正室にはなれます」。むちゃくちゃな理屈なんですね。

しかもこれを道隆が、兼家父さんの喪中なのに無理やり押し通したので、おおかたの人たちがそりゃねえだろと思ったわけです、心の中でですけど。

道隆兄さんに大っぴらに反抗した道長

面白くないのは、まず弟の道兼です。花山天皇をウソ泣きまでしてダマくらかして、危ない夜道をお寺まで天皇の手を引いて突っ走って、めでたく退位させてオヤジがてっぺんに立つのを手助けしたんですから、当然のように「次はオレだ」と思ってたらしいんですよ。ところが、結局はトシの順だったんですよね。

道兼は、道隆とは逆に毛深いブサメンで冷酷非情だった……っていう記録がどこまで信用できるかわかりませんけど、年上の道隆を相手にエラそうに説教をタレるようなところがあったとか。自分が兼家の後釜に座れないとわかってからは、ふて腐れて、兼家の喪中に人を集めて飲めや歌えやの大騒ぎをしていたそうです。

そして、この道隆のやり方にもう1人、おおっぴらに反発してみせたのが、24歳の道長その人でした。道隆は道長を定子の中宮大夫、つまり定子の身の回りの雑務とかを任せようとするんですが、定子の立后、つまり皇后になるための儀式を、兼家の喪中を理由にすっぽかすんですよ。わりと世間の空気とはマッチしたみたいで、「あの弟、なかなかやるやん」と周りからは評価されたようですね。

道長にしてみれば、オヤジの喪中に何しやがる！　という気持ちもあったでしょうし、将来の権力争いのためにここはちょっと名前を売っておくかと思ったか、それとも13歳上でイケメンで大酒飲みで、人を笑かすのが好きだしモテるし、周りの人望も厚い道隆兄ちゃんへのコンプレックスとかね。そんな兄貴が、上から目線で姪っ子の世話係みたいな役目を押し付けてきた。何かこう、こん畜生！　と思ってたりしてね。

ただ、このときまだ数えで3歳だった長女の彰子を一条天皇の后に……という妄想を間違いなくしていたと思いますよ。

17歳の道長、「こいつはデキる」と注目される

というわけで、いきなり登場しましたね、道長。966年に兼家の五男、同腹なら"三男"として生まれたんですけど、その後は公の記録にはなかなか出てこないんだそうですね。980年、15歳で従五位下っていうポジションをもらって、2年後に天皇の生活する場である清涼殿に上がることを許されたんです。

この時代のある人の日記に、「右大臣（＝兼家）の子道長」と道長の名前が登場するんですね。これが道長についての一番古い記録なんだそうです。それから先も、超特急で偉くなっていたわけじゃなくて、兼家父さんがずーっと冴えなかった時期は、983年に侍従、翌年に右兵衛権佐とまあ、ふつーに位が上がっていっただけなんですね。

ただ、この日記を書いた人は、「右大臣の子」と書いたのと同じ日付で「道長、是れ上臈《じょうろう》の子なり」って書いてるんです。上臈って「位の高い、修業を積んだエラい人」っ

ていう意味です。まだ数えで17歳ですよ。栴檀は双葉より何たらとか言いますけど、ずっと後で道長がエラくなってからヨイショして書かれたんじゃなくて、リアルタイムで「こいつはデキる」と書かれてたわけですからね。見る人が見れば、そう見えたんでしょうね。

採用試験の試験官を拉致してシバき上げる

脚本の大石静さんが「日本の歴史の中でも何人かしかいない優秀な政治家の1人」とまでおっしゃるだけあって、道長は器の大きい、豪胆で爽快な快男児だった、って言われてます。道長がまだ幼い頃、兼家に関白の座を譲らなかった藤原頼忠の子、公任――兼家をいじめたイケメンですね――のデキがいいのをうらやんだ兼家父さんが、「ウチの子たちはとてもかなわないだろうなあ。公任の影すら踏めないかもな」とため息をついた。道隆、道兼は黙って恥ずかしそうにしてたのに、道長だけは「影なんか踏みませんよ。あいつのツラを踏んづけてやる」と答えたそうです。

また別のお話ですけど、花山天皇が真夜中に宮殿の中で肝試しをするよう命じられた――ほんとにいろんなことをする天皇だったんですね（苦笑）――3兄弟のうち、道隆と道兼が途中で逃げ帰ってきたのに対して、道長だけは1人でゴールの大極殿まで行って、その証拠に柱を削り取って持ち帰ってきたんだそうですよ。

貴族っていうより武士みたいなハラの据わり方ですよね。清和源氏の3代目で数々のバケモノ退治の伝説の持ち主でもある源頼光は、兼家の葬儀の最中の道長のあまりに堂々とした姿を見て、「こいつはいける」と、それまで仕えてた兼家に続いて、20歳近く年下の道長に仕えることを決めたんだそうです。

そんな道長は、花山天皇が退位して兼家父さんが関白になった986年、わずか1年間で蔵人から少納言、左少将となり、そして左京大夫となり、従三位に上がって公卿にまでなったんです。公卿というのは、言ってみれば京都御所に仕える政治の最高幹部の1人ですよ。道長はこのとき、まだ21歳だったんですね。

まあ、それで調子に乗っちゃったんでしょうね。998年に権中納言になった道長が、とんでもない事件を起こすんです。

その頃はもう、それなりにコワモテの手下も多く飼っていたんですが、そんな手下たちを使って、紫式部少輔橘淑信《よしのぶ》っていう貴族をむりやり拉致したんですよ。そのうえ罪人でも牛車に乗せるところを見せしめのように歩かせて、東三条の邸宅までしょっ引いていったんです。この事件はあっという間に世間に広まってしまいます。

なんでそんなことをしたのか。淑信の在籍した紫式部省は、官僚の採用とか評価が仕事だったんですね。つまり、官僚の採用試験の試験官をやってたんです。そこに通るか通らないかで人生があらかた決まっちゃう時代ですから、今の国家公務員試験なんかとは比べ物にならないくらい重たいテストだったんですね。

となると、拉致した理由はすぐわかりますよね。道長は自分が推挙した受験生がこの試験に落ちたのに腹を立てて、淑信をシバいたんですね。道長的には男気を見せたつもりだったのか、はたまた袖の下か何かを渡したのにナメられたと思ったのかはわかりませんけど、どっちにせよやり過ぎですからね。後で兼家父さんにメチャクチャ叱られたんだそうです。

貴重な日記『小右記』を書いたのは道長のライバル

ただ、ここは道長だけじゃなくて、道長を「上臈の子」と見抜いて日記――『小右《しょうゆう》記《き》』を書いた人についても知っといたほうがよさそうですね。藤原実資《さねすけ》（ロバートの秋山竜次さん）。道長の後々のライバルであり、後に最高権力者になったときの道長にも平気で「喝《カツ》！」と言えた、何て言うかご意見番です。実資が「上臈の子」って書いたときは34歳。道長よりは9歳年上ですね。この頃はもう円融天皇の側近の蔵人頭を務めるエリートでして、道長に比べたらずっと格上でしたけどね。

実は、今の人たちが紫式部や道長の時代について詳しく知ることができるのは、この実資の『小右記』のおかげと言ってもいいくらいなんですよ。小野宮右大臣っていう後の実資の肩書から取った名前で、何と55年もの間、宮中の出来事を描き続けていたんですね。

実資は何事にもビシッと筋を通す人で、道長やその子の頼通なんかが権力闘争でおかしなことをやると、「そりゃ違う」「筋が通らん」とキツい指摘をする。だからといって道長に左遷されるわけでもなく、右大臣にまでなっています。検非違使庁の別当、つまり今で言えば京の都の警察と裁判所をいっしょにしたような役所のトップもやってましたから、道長的には煙たかったでしょうけど、やっぱり一目置いてたんでしょうね。

実資も藤原北家ですが、その中でも道長らとはまた違う流れです。やっぱり大富豪で、代々記録とか資料を作ったり整理したりするのが得意なお家柄なんだそうですね。中でも実資は、昔からの朝廷や貴族の行事・シキタリとか法律・制度・慣習についての一流の学者でした。付け加えると、蹴鞠の達人でもあったそうです。

名門父さんとキャリア母さんの子、中宮定子

さて、ずいぶんと遠回りしちゃいましたが、また元のお話を今一度思い出していた

だきましょう。990年に関白の藤原兼家が死んで、その長男・道隆が後継ぎとしててっぺんを取りました。同時に長女の定子を強引に一条天皇の中宮の座に就けて、その3年後、正式に関白の座に就きます。ちなみに、この頃の紫式部はまだ10代後半で、職がなくなった為時父さんと暮らしてました。まだ越前には引っ越してませんね。

ここから道隆とその周りでクローズアップしなきゃいけない人が2人います。まず1人目は一条天皇の正室の座を目指す定子、そして2人目が、その定子の教養アップのために集めた女房衆の1人、清少納言（ファーストサマーウイカさん）です。

道隆父さんから、一条天皇に気に入られて男の子を産め！　という使命をもって宮中に入った定子。お父さんはもちろん超上流階級、お母さんの高階《たかしな》貴子もスーパーお嬢様、かと思ったらちょっと違って、貴子のお父さんは国司、つまり京都から地方に赴任した県知事みたいな階級。紫式部の為時父さんと近いんですかね。

藤原北家ほどハイソじゃないけど、赴任先では領地もあればワイロもあって稼ぎはいい。だから教養もあるし、都の流行にも敏感だったそうです。そんな父さん――すごく学のある人だったようです――が、賢い貴子は結婚よりまず宮仕えじゃ！　と、宮仕えさせるんですね。

だから、貴子は今でいえば地方の進学校から来た霞が関の女性エリート官僚みたいなものでしょうかね。めちゃくちゃ頭は良くて教養はあるけど、庶民的で明るい母さんだったそうです。『光る君へ』では、長年『ｎｅｗｓ ｚｅｒｏ』（日テレ）でキャスターをやってた板谷由夏さんが演じるんですけど、そんな貴子母さんを選んだ道隆父さんもなかなかのもんです。貴子の父さんが、「あいつは出世する」と断言していっしょにさせたそうですけどね。

貴子母さんは、当時の女の人としては珍しく漢学に詳しかったんです。為時父さんの本を勝手に読みまくってた紫式部みたいな感じですかね。定子にも積極的に漢学を教え込んだんです。そんな母さんと、ハイソでプライド高いけど明るく豪快な道隆父さんの下で育った定子は、そりゃもう賢くて明るくて、すごく魅力のある女の人だったそうですね。

そんな定子ですが、14歳のときに11歳の一条天皇と結婚。中学生と小学生ですね。もちろん小学生だって恋愛はしますよね。ちょっと年上のませたお姉さんとかを好きになる男の子とかもいるじゃないですか。でも、この2人は付き合う前にいっしょになっちゃったわけで。初夜はやっぱり、もうちょっと時間が経ってからなんでしょうね。

でも、実際この2人の関係がどうだったのかっていうと、この辺の研究をしてる人の誰も彼もが「純愛」って言うんですよね。とにかく、一条天皇が一直線に定子のことを好きになっちゃったんです。そしてそれは、定子が死んでからもずーっと変わらずに続いたんだそうですよ。

清少納言は紫式部と同じ「帰国子女」

清少納言は、その定子の家庭教師の1人として、道隆が関白になったのと同じ993年に定子に出仕してます。道長と同じ966年の生まれが本当なら、このとき27歳ですね。

名前の「清」が「清原」の略であることはもうお話ししましたよね。清原氏はもともと民間に降りてきた天皇家の人たちで、かつてはけっこうな名門だったんですけど、この頃は藤原氏にはもう歯が立たない、中級とか下級とかの貴族だったそうですね。

ひいお祖父さんが古今和歌集の代表的な歌人、お父さんの清原元輔も有名な歌人、という具合に代々和歌が得意な家系なんです。その元輔が60歳に近づいてから出来た女の子です。やっぱりかわいかったんでしょうかね。清少納言もお父さん子だったんじゃないですかね。

まだ10歳になる前に、元輔父さんが周防国——今の山口県の東南の半分くらいで、ボクの実家にある田布施も含まれます——に派遣されたとき、いっしょに行ってそこで4年間を過ごしています。紫式部とちょっと似てますけど、帰国子女みたいなもんでしょうかね。ただ、あの頃だと京の都から何がいるのかわからない田舎に行くような気持ちだったんでしょうから、それが逆に京や宮廷が素晴らしいところだっていう妄想とか憧れにつながったんじゃないかと言われていますね。

981年、16歳で一度結婚してます。夫の橘則光はけっこう武闘派で、夜中に出くわした盗賊3人を切り殺すような人でした。翌年には長男の則長が生まれています。ただ、その後にお父さんの元輔を亡くしてるんですね。元輔は79歳という高齢になってから、えらく遠い肥後の国——熊本県ですね——に肥後守として赴任してるんですよ。そして、紫式部のダンナ、宣孝のところでお話ししたように、九州一帯に広がった疫病にやられています。

「オレは和歌がキライだ」と嘆くダンナ

橘則光との結婚生活は10年で終わってますね。武闘派だからと言って、教養がなかったわけじゃないんですよ。ただ、和歌があんまり肌に合わなかったんじゃないですかね。『枕草子』で、清少納言に「和歌がキライで風流の理解できないヤツ」ってことにされてます。清少納言が隠遁していたとき、上司からお呼びがかかった清少納言が身を隠して則光に「ゼッタイ居場所を言っちゃだめ」と念押ししていたのに、プレッシャーに耐え切れなくなった則光から、「無理っぽい。教えちゃダメなのか？」って手紙が来ます。で、清少納言からの返事の包装を解くと、中身は手紙じゃなくて、なぜか「ワカメの切れ端」でした。

意味のわからぬ則光は、何とか隠し通すものの、ワカメの意味がわからない。で、清少納言に会いに行って、「ありゃ何だ？」と聞くんですよ。ところが、清少納言は直接答える代わりに詠んだ和歌を書いて渡そうとしたんですね。則光はもう限界だったんでしょう。「オレはもう、絶対に見ねーぞ」と逃げ帰ってしまいます。

これ、よく知られてる和歌に引っかけて、ワカメ採ってる海女みたいに身を隠してるんだから、「目配せして教えちゃダメ」→「めをくはせ」→「ワカメを食わせ」っていう……これにはさらに伏線があって、以前に則光が何か隠し事がバレそうになったとき、ワカメを食ってごまかした体験談を清少納言に話していたんですよ。清少納言からすれば、「同じように頼むわよ」と、片目をつぶるくらいの軽い感覚で出したシャレだったんです。でも、則光にはわからなかった。

そのせいかどうかはわかりませんが、則光は「オレは和歌がキライだ。送ってくるヤツは敵とみなす」「オレと絶交したいなら、和歌を送ってこい」と言っていた……と清少納言が書いてます。これ聞いた限りじゃ、よく10年持ったなあとも思っちゃいますけど、この頃の貴族たちにとって、「気の利いた和歌を詠まなきゃいけない」っていうプレッシャーは相当なもんだったんじゃないですかね。則光、何だかかわいそう。

というわけで、２人が別れたのは991年。清少納言が定子のもとに出仕する前の年でした。

「パリピ」清少納言、「陰キャ」紫式部

清少納言を紫式部と比べると、気は強いが不器用な「陰キャ」の紫式部に対して、清少納言は明るく軽やかな「パリピ」。『枕草子』に出てくる宮廷ライフは、確かに楽しそうなのが多くて、季節とか花鳥風月のシャープなエッセイや、ハイソな殿上人との交流やみやびな遊び、時に男の貴族から「モテちゃいました」的な自慢話っぽいエピソードなんかも入ってるそうですね（いやごめんなさい、ボクは完読してないんですよ汗）。今も特に女の人のファンが多いのも、なんかうなずけますね。

道隆が清少納言をスカウトしたのは、やっぱり和歌の一家の娘だってとこが大きいでしょうね。『枕草子』を書き始めるのは宮廷に入って時間が経ってからですから、紫式部みたいに、宮廷に入る前に『源氏物語』を書き始めてました、ということはない

ので、きっと「あいつは面白そう」的な噂話が道隆の耳に入ったのかもしれませんね。

もっとも、女の人が宮廷に入って皇后を囲む女房衆に加わるって、今の感覚なら大出世ですけど、当時は何て言うか、「はしたない」的な目で見られてたんですよ、特に男の人から。もちろん、シットもあったんでしょうけど、当時は、女の人は男の人に顔も見せちゃいけないっていう時代でしたから、宮廷内に入れば顔はさらし放題ですからね。それに、宮廷内では男女関係も乱れてるという話もあって、仮にそんなお話が来ても、いい話というよりは「うーん、どうしようか」と考え込むものだったんですね。

でも、清少納言は『枕草子』の中で、「将来の希望もなくて、主婦としてつまらない幸せを夢見ている女性は、私にとってはいとわしいし、軽蔑したい気持ちにならざるを得ません。それ相応の娘さんには宮仕えをさせて、世間の様子も見聞きして、たとえば典侍《ないしのすけ》みたいな役職でしばらく置いておくのも手ですね」とはっきり書いてるんですね。キャリア志向っていうんですかね、前向きなんですよね。

初出仕でガチガチの清少納言、定子の虜になる

清少納言は希望に燃えて、いざ宮廷に乗り込んだはいいんですが、それとは裏腹に、最初は緊張しまくり。人前に出るのがえらく恥ずかしかったようなんですね。定子に仕えてるというのに、人目につかない夜にしか会いに行けなかったんですね。

そこでびっくりするのが定子の振る舞いなんですよ。一回りくらい年上の清少納言を気遣ってわざわざ1人だけ呼び寄せて、絵なんかを見せながら話しかけてあげるんですね。どっちが年上だよってぐらいに。このとき、清少納言は定子の手を見てビックリするんですね。「こんなきれいな手をした人がこの世にいるのか」って。これ一発で、清少納言は定子に忠誠を誓うんですよ。

それ以来、この2人はものすごく仲良くなったんですね。頭がシャープで、才気走るって言うんですか、反射神経のいい清少納言を、明るくて聡明な定子はちょっと他にはいないユニークな女性だって面白がってたんですね。『枕草子』に出てくる定子は、

ほんとにキラキラしてて、2人には恋愛感情もあったんじゃないかとさえ言われています。

それにやっぱり、道隆のキャラも大きかったんでしょうね。何と言ってもイケメンだし、とにかく明るくてね。定子の女房たちの目の前で、娘の定子に向かって「いやー、美人ぞろいだねえ。この方々はみんないいとこのお嬢さんばかりなんだから、ちゃんと面倒を見てあげるんだよ」と言うと、今度は女房たちに向かって、「いや、それにしてもあなたたちさ、この中宮サマ（定子）のことを、どんな性格だと思ってここにきたの？　オレ、ずっと頑張ってお仕えしてるけどさ、服の一着ももらったことないのよ」――自分の娘を上司に見立てた関白・道隆の自虐に、女房たちもクスクス笑ってたんでしょうね。『枕草子』には、そんな日々のサロンの様子も書かれてるんです。

清少納言も根がミーハーだったようでして、宮廷生活にもすぐに慣れましてね。道隆や、その息子で一条天皇の蔵人を務め、光源氏のモデルの1人とも言われているイケメン伊周とか、平安の書道の達人ベスト3（あと2人は小野道風、藤原佐理《すけまさ》）で蔵人頭のエリート、藤原行成《ゆきなり》（渡辺大知さん）なんかが、定子サロンにはしょっちゅう出入りしていたんですね。

清少納言は彼らと相当親しくなったとみえて、若い彼らとキャピキャピする様子が『枕草子』にも書かれてるんですね。定子もいっしょになって、漢文じゃその頃のトップクラスだった伊周との教養の競い合いや、最初は清少納言の悪口を言っていた藤原斉信（金田哲さん）も、途中で誤解が解けたらしく、清少納言と仲良くオシャレな会話を交わしている様子が出てきます。

清少納言と定子のシャレた会話

定子と清少納言の2人には、「香炉峰《こうろほう》の雪」っていう有名なエピソードがあるんですよ。ある雪の朝、部屋の格子を下ろしたまま炭櫃に火を起こして暖まりながら、定子と女房衆が雑談してるとき、定子が「清少納言、香炉峰の雪はどんなであろう」と謎をかけるんですね。香炉峰っていうのは、中国の有名な山の別名です。指名された清少納言、ピンときたんですね。女官に格子を上げさせて、御簾《みす》を高く巻き上げたんです。目の前には真っ白い雪の積もった庭。それを見た定子はニッコリするんですね。「清少納言、正解！」ってわけです。

何が何だかわからないですけど、これ、定子は中国の詩人、白居易の詩と引っかけたんです。その詩の中に、「香炉峰の雪は簾《すだれ》をかかげて看る」っていう一節があるんですね。要するに、定子は「寒いからって閉め切ってないで、雪を見ましょうよ」って言うところを、ちょっとヒネって伝えたんですね。「定子様に仕えるなら、これくらいじゃなきゃ！」と女房たちに褒められてこのくだりは終わってます。

これ、どうしても清少納言の自慢話に聞こえちゃうんですけど、この定子のサロンでは、白居易を知らなくて「何よこの女！」と清少納言に嫉妬するような女房はいなかったんでしょうね。道隆が一流の教養人ばかり集めたわけですし、みんなお互いのキャラは承知済みの、ほんとに明るいサロンだったんですねえ。

こういうかけあいとかセンスのいい会話って、あの頃は漢文、漢詩なんかをちゃんと勉強してないとできないですけど、今で言うと何に当たるんでしょうかね？　賢い人がみんな読んでて、その中の名文句とか名シーンをネタにシャレてみたり、パロディーにしてみたり……。そういう「あるある！」のネタになるのは、能とか歌舞伎とか、あとオペラとかに詳しい人でしょうかね、ボクにはサッパリわかりませんけど。

あ、それこそ『源氏物語』や『枕草子』だったら、いけるかもしれませんね。春はあけぼの、をちょっとパロって「春は揚げ物、ようよう太くなりゆくハラ際」とかね。冬も秋も夏も食ってますけどね。歴代の大河ドラマの名セリフ、名シーンだったらボクは自信ありますよ。誰かいませんかね、大河でそういう会話ができる方。結局、ボク1人が空気読まずにしゃべりまくっちゃうでしょうけどね。

道隆が突然の死……定子サロンはどうなる？

『枕草子』が実際に書かれた時期はもう少し後ですけど、清少納言は定子のサロンがいかに盛り上がってるかを文字にして、後々まで貴族たちに読ませる、言ってみれば定子とサロンの広報宣伝部長みたいな役回りになってたんですね。それ、今もおんなじで、『枕草子』はボクらの平安時代のイメージにものすごく大きく影響しているんですね。

とにかく定子サロンは男の貴族たちに大人気で、さっき挙げたような貴公子たちの出入りが頻繁にあって、しかも、このサロンが消滅してからもそれを惜しんだり、懐かしむ男たちがたくさんいたんだそうです。

実はですね、定子サロンはほんとに短い間だけ盛り上がってから、急に萎《しぼ》んじゃうんですよ。そんなにいいサロンがなんでそうなったのかというと、定子や女房衆らといっしょに盛り上げ、人やお金も含めてバックアップしていた道隆父さんが、995年に死んでしまったんです。43歳でした。道隆が頂点に立っていた期間は、亡き父・兼家からトップの座を受け継いでから、5年そこそこの間しかなかったんです。

そしてここから、いよいよ道長がのし上がってくるんですよ。

兄2人の死、道長と甥っ子・伊周の対決

藤原定子

〝次〟は伊周が最有力、道長は7〜8番手

この995年は、ほんとにいろんなことが起こった年なんですけど、まずはこの頃の政治の序列がどうなってたかというと、トップの関白が43歳の長男・道隆、左大臣が74歳の源重信。源氏の長老ですね。で、右大臣が35歳の次男・道兼。その次に出世する、つまり関白候補とみられる若手のポスト「内大臣」には、22歳の伊周がいました。30歳の道長はというと、兼家父さんに引っ張り上げてもらったとはいえ、その2ランクくらい下の権大納言。上から数えると、7番手とか8番手くらいでした。

ちなみに紫式部はというと、20歳前後の無名の貴族女性。翌996年に、10年ぶりに仕事をもらった為時父さんといっしょに越前に向かうんですね。

この年はまたもや疱瘡——天然痘ですね——が大流行したんです。ほんとに多かったんですねえ、昔は。もっとも、大酒飲みの道隆が死んだのは、持病の糖尿病が原因じゃないかって言われてます。ポックリ逝くんじゃなくてじわじわ系の病気ですから、オレはもうヤバい、というのは薄々勘づいてたんですね、道隆は。じゃあ何をしたか

いたんです。

というと、2人の弟ではなく、息子の伊周のほうにポストを譲ろうとして動き出していたんです。

2月に道隆は16歳の一条天皇に辞表を2回出したんですけど、一条天皇は受け取らず。まあ、頼り切ってましたからね。で、あれこれ考えて、道隆が病気の最中は、役所から上がってきた政治に関する文書は「まず関白に、次に内大臣に見せるように」指示を出したんです。その時その時の政治の全体を誰が一番最初に見るかっていうところですから、ここが関白が№1のポジションである一番の理由なんですね。

が、そこに伊周が「関白が病の間は、そこはオレに一任することになってるはず」とクレームをつけて、そこは伊周の言い分が通ったんです。どうも道隆も交えた事前の打ち合わせをやったようで、そのときの結論と違うことを一条天皇がやろうとしたらしいんですね。

一条天皇が激怒した「勅書改ざん事件」

でも、その後の3月になって、一条天皇が書いた「関白が病気の間は、もろもろの政治の文書は内大臣——つまり伊周ですね——に見せろ」という意味の勅書の「間」の1文字を削って「替」にした文書が出されるんです。

これ、1文字替えただけで全然意味が変わっちゃうんですよ。「道隆が病気の間だけ」伊周が代わりに文書を読むはずが、「道隆が病気でも死んだ後もずっと」伊周が代行するという意味になってしまう。要は、いつの間にか伊周の都合のいいように勅書が改ざんされていたんですね。これが通ってしまうと、病気の道隆がどうなろうと伊周が自動的に関白になるレールが敷かれちゃうわけです。魔法みたいですけどね。

この文書の担当役人の「こりゃおかしい」という報告が耳に入った一条天皇、当たり前ですけど激怒して、そんなもんは認めんぞ、となった。文字を改ざんした犯人は、道隆の奥さんである貴子の兄貴、つまり伊周の伯父さんがこの文書の担当部署に関係してて、書き換えるようひそかに指示を出してたんですね。勅書の偽造で国のトップが入れ替わっちゃう事態が、ギリギリのところで防がれたわけです。それにしても、16歳と22歳がケンカしながら国のトップの人事を動かすのって、今の感覚だとなんか恐ろしいですよね。

道長と伊周、道端でメンチの切り合い

実はその直前の2月28日、この権力闘争を象徴するみたいなハプニングが起きてるんですよ。

この日、一条天皇の母で道長の姉・詮子が、貴族を大勢引き連れて今の滋賀県大津市にある石山寺にお参りに行ったんです。伊周は牛車、道長は馬に乗っていっしょに行ったんですけど、伊周が途中で用事ができて引き返すことになったんです。で、詮子にひと言挨拶せにゃ、ということで牛車を降りたんです。で、詮子が乗る牛車に歩いて近づいてご挨拶。いったん行列は止まって、ちょっとした渋滞が起こりますよね。

と、列の前のほうにいた道長が、馬に乗ったままUターンして、詮子の牛車のほうに向かってきたんです。そして伊周の襟首のあたりに馬の鼻先をぐいっと突き付けて、牛車を曳いている牛童《うしわらわ》に「早く出せ。日が暮れるわ」と命じたんですね。

ムッとした伊周が振り返ると、そこには馬上の道長が。2人のメンチの切り合いに、見えない火花がバチバチ散るわけですよ。周りで貴族たちがハラハラしながら見守る中で、2人はしばらくそのまま動かずにいたんですが、道長はしれっと「日が暮れる。早くしろ、早く」と急かしたんです。伊周はハラの中でこの野郎、と思ってたでしょうけど、仕方なく自分の牛車のほうに戻っていったんですね。

イケメンぶりが後々まで語られた道隆の死に顔

貴族たちや世間の人は、「関白の座、道隆の次はムスコか弟か」というこの2人のライバル関係をよく知ってましたから、この事件についてはけっこうな数の人が書き残しているそうです。前にお話ししたご意見番・藤原実資も例の『小右記』で、聞き書きですけど取材して詳しく書いてます。

メンチの切り合いで負けた伊周は、家に戻ってから道隆父さんにこの出来事を報告します。悔し泣きしたんでしょうかね。そんな息子を、道隆は「大臣をコケにするようなヤカラに明日はないさ」と慰めたそうですが、もはや弟の道長にクレームをつける元気もなくなってました。

道隆は、死ぬ直前まで何人かの飲み友達の話をずーっとしていたそうです。もう、筋金入りですね。「あいつらも極楽に来れるかなあ」って、そればっかり。でも、糖尿病で合併症も併発してたら相当苦しいですから、それをおして周りを笑わそうとしていたのなら、なかなか男前ですね。ただ、その飲み友達たちも実は死ぬ寸前だったらしいんですよ。

道隆は4月に死亡、友達たちも相前後して亡くなってます。疫病にやられたんでしょうね。道隆の死に顔のイケメンぶりは、それを見た人が後々まで語り草にしたそうです。

国のトップ8人中、6人が疫病で死亡……

さて、関白の後任は誰かってところですが、それは伊周と道兼兄貴の二択。この段階でも、道長はまだ候補じゃないんですよ。伊周は貴子母さんの実家を挙げて御祈祷するんですけど、一条天皇は一カ月近く迷ったあげく、道兼を任命します。伊周はガックリ。ただ、世間的には22歳の関白ってどうよ、という空気だったんですね。当たり前ですけど。

ところが、なんですね。道兼は疱瘡にかかってたんです。風邪だと思って適当に薬を飲みながら関白就任を祝いに訪れてくる来客をさばいてたんですけど、だんだん体調が悪化するんですね。一条天皇に挨拶する日も、中止はありえんとばかりに我慢しいしい参内して、ひとまず一条天皇には面会します（マスクなしだったんですかね）が、1人で階段の上り下りも出来なくなって、召使いの肩を借りながらようやく牛車に乗って帰っていくっていう有様でしてね。

自宅ではお祝いの準備をしてましたが、戻ってきた牛車からは、行きがけとは別人みたいな苦しい顔つきの道兼が出てきたんですね。冠はズレてるわ、襟紐は緩んでるわ。一族の人たちは「まさかなあ……」とみんな心配はしたんですが、ひとまずめでたいっていう態は崩さなかったそうです。

その挨拶から7日目に道兼は死亡。「七日関白」というあだ名まで奉られたそうですけど、実は死んだのは道兼だけじゃなかったんです。朝廷のトップは上から順に関白（道隆）・左大臣（左のほうが上）・右大臣（道兼）・内大臣（伊周）・大納言2人・権大納言2人（うち1人が道長）という具合になりますが、このそうそうたる面々のうち、何と何と、伊周と道長以外の全員が疱瘡で死んでしまったんです。ビックリですよね。道長はほんとに「持ってる」男だったんですね。

死んだ道兼の元妻に襲い掛かられた道長

こうした競争相手の死って、道長みたいに成功した人には付き物ですよね。道長はけっこう病気がちでしたけど、そういう死んだライバルたちの怨念が原因ではないかという心配を常にしていたんだと思います。

特に、この道隆と道兼、2人の兄貴のタタリは本気で怖がってました。ずいぶんと後の話ですけど、いっぺん、自分の邸宅で憑き物に憑りつかれた女房につかみかかられたことがあるんですよ。垂れてた髪を逆立てて、大声を上げて襲い掛かってきた。その女房、実は道兼の元妻の藤三位だったんですよ。道長はその両手をつかんで引き倒してどうにか難を逃れたんですけどね。後々思い出して、「あれは道隆か道兼の叫び声だった」と振り返ってたんです。

とはいえ、ライバルにはまだ伊周が残ってます。伊周は道兼の死を大喜びして、祈禱に力を入れてました。道長はというと、権大納言から一気に関白に駆け上がるなんていう前例がなかった。ですから、内大臣の伊周のほうが関白に近いのは明らかなんですよ。一条天皇もどっちにするか、非常に迷ったそうですね。

そこで決め手となったのが一条天皇の母親、詮子でした。またいちいち書くのも申し訳ないですけど、念のため。道長の実の姉であり、円融上皇の皇太后ですね。詮子は道長を強力に推したんです。もともと姉と弟とで仲が良かったっていうこともありましたけど、伊周はそれを感じ取ってたのか、詮子にはあまり近寄らなかったんですね。それに、詮子が伊周にはあんまりいい感情を持っていなかったようなんです。

というのも、伊周は定子サロンに入り浸りで、清少納言ともいっしょに遊んでたのは前にお話しした通りですけど、サロンへの出入りの本当の目的は、定子にぞっこんの一条天皇に、定子を通じて道長と詮子の悪口をあれこれ吹き込むことだったんですね。そのことがどっかからか詮子の耳に入った、というエピソードが残っています。

母・詮子、子・一条天皇を説得「次は道長」

愛する定子の兄貴であり側近である伊周からは、幼い頃から好きな漢文を教わっていた一条天皇。母の道長推しをシブり続けます。道隆が死んだことで、定子の後ろ盾が突然いなくなった。その代わりになれるのは伊周のほう、と考えていたんですね。実際、たとえ皇后や中宮と言えども、強い後ろ盾がないとその地位ってあっけないくらいもろいものなので、定子がかわいそうだ……と一条天皇は考えたんですね。実際、定子はその後にそういう道をたどるんですけどね。

しかし詮子のほうは、わざわざ呼び出した息子に道隆の次は道兼、その次は道長っていう兄弟の年齢順が自然、という考えを説くんですね。ずっと年下で世代が違う伊周に先を越されたら道長もかわいそうだろう、とも。そのうちに呼び出しても来なくなった一条天皇の清涼殿へ、詮子は道長を連れて乗り込みます。そして、道長を待たせて1人で一条天皇の寝室に踏み込んで説得しました。しばらくして、寝室から出てきた詮子は頬を紅潮させ、涙を流しながら「決定が下りましたよ」と道長に告げたそうです。

伊周と道長が激昂、つかみ合いに

5月1日、一条天皇は道長に内覧の宣旨を下します。内覧っていうのは、天皇に上がってきたり、ハンコを押す公文書は全部見たりチェックを入れたりできるっていう権限で、いったん伊周に任せたその権限をそのまんま道長に移すってことですね。もうその時点で、道長は世間的にはすでに関白になったのと同じだと見られたんです。ただ、それでも伊周のメはまだ残ってます。

7月24日、陣座《じんのざ》――会議ですね――の場で道長と伊周が口ゲンカを始めたんですね。細かい原因は不明ですが、お互い激昂してつかみ合いになって、他の公卿や官僚も壁越しに聞き耳を立ててました。これ、例のご意見番・実資も見てたらしくて、『小右記』にも「あたかも闘乱のごとし」って書いてあります。

さらに同じ頃、京都・七条大路で道長の従者と、伊周の弟の武闘派・隆家（竜星涼さん）の従者たちが集団でぶつかり合います。ただの殴り合いじゃなくて、弓矢まで使われたそうですから戦同然ですね。折を見ていったん双方が引いたんですが、そう簡単に収まりはしません。腹の虫の収まらぬ隆家の従者が、数日後に道長の従者を殺しちゃうんですよ。

ここまで荒れてしまっては、一条天皇が出てこざるを得ません。殺した従者をかくまった隆家に、すぐさま参内禁止を言い渡しました。けど、両方のイライラやウップンは、ピークに達しそうになってたんですね。

「オレの家の前、通れるものなら通ってみろ」

ここで花山天皇のことを思い出してくださいね。そう、あのヤバい天皇……いや、だまされて出家したから、花山法皇に呼び名が変わってます。実は教養はバッチリで、和歌なんかはいいのを残してるんですね。ただ、若いから天皇を退位した後も、女好きは全然変わってなくて、相変わらずあちらこちらに手を出していたんだそうです。

その元気すぎる花山法皇が、武闘派・隆家を挑発するっていう事件があったんです。「いかにそなたが武勇に優れていようと、わが花山院の門の前を無事に通り抜けることはできまい」って。で、当然、隆家は「おう、オレに出来ねえわけがねえ。通ったるわ」ですよ。そう言い放って、とにかく頑丈な牛車を選んで、50～60人くらいの従者を引き連れて花山法皇の自宅に向かったんですね。

ところが隆家、その自宅の門の前にいる連中を見て、「これはヤバい」と戦意喪失。そこにいたのは、約70～80人の坊主の格好をした男たち。ただし装いはそうでも、中身はどう見ても屈強の「ゴロツキ」だったんですね。ガタイのいい坊主頭って、めちゃくちゃ迫力あるじゃないですか。しかも、みんな手には5尺、6尺というから、人の身の丈くらいの長さの杖と、後はでっかい石を握ってる。貴族の乱暴者は何やかんや言ってもアマチュア、敵はプロだったたってことですかね。無理に通ろうとしたら結果が見えている。そう考えた隆家は、早々に白旗を掲げました。

念のために言っておくとですね、これ、別に政治の争いでも何でもなくて、ただのモメ事なんですよ。花山法皇が「ドヤッ！」とイキがりたいがための。実際、それまでにもここを通ろうとしたイケメン四納言の藤原公任と藤原斉信が、牛車に石を投げられるわ、従者を拉致されるわとさんざんな目に合ってるんですね。天皇の座にあった人が、そういうプロを何の迷いもなく雇って、街中で見せびらかしてたんです。

ただ、これにはちょっとした理由があって、この頃の天皇・法皇・上皇や関白といった国のトップクラスの人の自宅の前は、他の貴族は通っちゃいけない、というのが当時の礼儀作法だったんだそうですね。ところが、それを守らないヤツもいた。そういうのをシメるために、コワいお兄様たちを雇っていたんですね。花山法皇に限らず、いろいろな貴族がそれをやっていたそうです。

衝撃……花山法皇殺害未遂の犯人と、生首2つ

さて、隆家がこの事件を根に持ったかどうかはわかりませんが、いつもコンビを組む伊周と隆家兄弟が、とんでもないことをやらかすんですよ。

996年の正月18日。花山法皇と伊周・隆家の間で集団の大乱闘がぼっ発したんです。場所は故人で従一位・太政大臣だった藤原為光の邸宅。そして、法皇の従者の「童子」——というからまだ幼いか若い従者でしょうね——2人が殺され、その死骸の首が切り取られて、持ち去られたんですよ。

しかも、そんな大乱闘が起こった原因が、こともあろうに伊周と隆家が、花山法皇に向かって矢を射かけたことだったんです。どうも威嚇だけのつもりが、放たれた矢が法皇の衣の袖にブッ刺さってしまったんですね。内大臣の伊周23歳、中納言の隆家

18歳という現役の国の高級幹部――ちょっと若過ぎますけどね――が、文字通り天皇家に弓を引いたわけです。

生首どころじゃない、国への反逆ですよね。そう謀反だ、謀反。都はもう大騒ぎ。道長も事件ぼっ発の知らせにさすがにブッたまげたのか、ご意見番・実資に事件のテン末を手紙で書き送ってます。

で、問題はなんでそんな大事になってしまったのか、ですよ。これがまた、何ともアホくさくてですね。特に被害者のはずの花山法皇にとっても、何ともバツの悪い話なんですよ。

現場となった為光邸に、なんで法皇がいたのか。実は法皇は、その邸宅に住んでいた為光の四女に、「愛人になれ」って言い寄ってたんですよ。四女は坊さんとなんかイヤだと断ってたんですが、それでもあきらめずにアプローチを続けてたわけです。

ところが、この邸宅にもう1人、為光の三女も住んでいて、その三女を愛人にしていたのが、外ならぬ伊周だったんです。法皇と伊周は、しばらくお互いのことを知らぬままだったんですけど、何かのキッカケで伊周は、法皇が為光邸に押しかけてることを知ったんですね。

で、どこをどう誤解したのか、伊周は「法皇はオレの女に手を出した」と思い込んじゃったんですよ。苦労知らずのまま内大臣にまで上り詰めた若造・伊周は、もう瞬間湯沸かし器ですよ。武闘派・隆家と相談していっしょに花山法皇を襲撃することを考え、すぐさま為光邸で実行してしまったんです。


実はこの為光の娘って、もっとややこしい因縁がありましてね。花山法皇が天皇在位中に一番ぞっこんだった、でも出産の途中で死んだ忯子っていましたよね。その忯子が為光の長女なんですよ。その妹にまた手を出そうとした法皇も法皇ですけど、伊周は「手を出すなら忯子に似た美人のほうに違いない。それなら三女だ」と勝手に見当をつけてキレたんですね。実際、三女は美人だって評判だったそうですけどね。

だから、お互いにちょっと頭を冷やしていれば、利害がぶつかることはなかったわけですよ。痴話ゲンカにもなりませんよ、こんなの。

宮中を出て、実家に戻らざるを得なかった定子

お互いにそんな恥ずかしい事情だったから、花山法皇は被害者であるにもかかわらず、最初は伊周と隆家の名前を言わなかったようなんです。しかし、検非違使が本格的な捜査を始めると、ほどなくして真相はバレましてね（実は、その検非違使の別当——つまりトップですね——は、道長が事件のぼっ発を手紙で知らせた藤原実資なんですよね）。

しかも反逆の話が膨れ上がったせいか、「伊周はどこかに軍勢を隠してる」っていうクーデターの疑いが、さらに病気で寝込んでいた詮子に「伊周が呪いをかけた」という疑いまでかかっちゃうんですよ。

こうなると、伊周の実の妹である定子も、そのままではいられません。宮中を出て、3月4日に伊周と隆家が謹慎中の実家、二条北宮に戻るんですけど、そのときも大雨の中でいっしょにいたのは公卿2人だけ、従者もおらず、帰宅したら公卿はさっさと帰っていって、もちろん歓迎する者もいなかったんですね。華やかなサロンの主から

あっという間の転落です。となるともちろん、清少納言にもそのあおりが降りかかってくるんですね。

もうね、ライバル道長から見れば伊周の自滅、自爆もいいとこですよ。道長本人は表立っては何もしてないですからね、この件では。表立っては、ですけどね。

検非違使がガサ入れ、伊周は逃亡

4月24日、一条天皇は伊周、隆家の追放を決定します。追放地は伊周が太宰権帥《だざいのごんのそち》――今の福岡県太宰府市ですね――に、隆家が出雲国――島根県ですね――の権守に。肩書はあれども、権限はありません。菅原道真と同罪ですけど、あっちは冤罪ですからね。死刑執行がなかったから、これが最高刑。国家転覆、クーデターを起こそうとしたのと同じだって見なされたわけです。

それに、病気の詮子の床下から呪詛の道具一式が出てきたこと、さらに大元帥法《だいげんほう》といって、天皇家にしか許されていない方式の祈禱を、伊周とその母・貴子の親族がないしょでやっていたという告発もありましてね。その呪い殺す相手が道長だったってことになってます。う〜ん、何か出来過ぎですね。『鎌倉殿の13人』では、大泉洋さんの源頼朝の娘・大姫が病死したとき、床下から呪詛の道具一式が出てきて、迫田孝也さんが演じた頼朝の弟・範頼《のりより》が「呪詛をかけたのはこいつ」っていう無実の罪を着せられて、最後は暗殺されましたよね……。

二条北宮に勅使が来て、定子と伊周、隆家を前に罪状を読み上げると、邸内から泣き声が上がったそうです。でも、伊周と隆家は病気だ何だとグズグズ言って出頭してこない。それじゃあ、と5月1日には検非違使のコワモテの連中が、二条大路の野次馬をかき分けながら二条北宮にやってくるんですよ。強制捜査ですよね。

「定子と伊周が手を取り合って離れない」と、現場から一条天皇に指示を仰ぐ伝令も出たんですが、伊周はどうやらそのまま姿をくらましたようなんですね。現場の検非違使は、「隆家は中にいるらしいが、伊周がいない」と。で、探せ！ってことになって、定子の寝室の壁をぶっ壊し、天井も壁も引っぱがしたそうです。ガサ入れの最中は、定子は邸内じゃなくて牛車の中に保護されてたそうですけど、仮にも皇后の実家が破壊されてくわけですからね。屈辱なんてもんじゃないですよね。隆家はそのうち発見されて、しょっ引かれていったそうです。

定子はその日、自分でハサミを握って髪を切りました。出家することを決めたんですね。実はこのとき妊娠してたんですよ。それを知ってか知らずか一条天皇、私情を捨て、涙をのんでの家宅捜査の指示だったんでしょうね。まだ若いし、つい藤原のカイライだとか思われがちですけど、ちゃんと自分でいろいろ決めて行動してますから、なかなか仕事のデキる天皇だったんじゃないですかね。

伊周は3日後に出家のいでたちで姿を見せました。「春日大社や道隆父さんの墓参りをしてた」と言い訳していたようですね。大宰府に向かう途中にいったん但馬国——兵庫県の一部——に留め置かれるんですが、10月に病気で弱っていた母親の貴子を見舞おうとひそかに京に戻ってきます。それをまた定子がかくまうんですが、結局またパクられて大宰府へ。貴子もそのまま死んでしまいます。

さらに間を置かずに二条北宮は火事で全焼してしまい、定子は貴子の実家に身を寄せるんですね。ただ、従者もどんどん辞めていって、日々の生活にも困るような有り様だったようです。こうして道隆の一族が転落していった一部始終は歴史上、このときの年号から取って「長徳《ちょうとく》の変」って呼ばれてます。

もっとも、伊周・隆家にとっては幸いなことに、詮子の病気がいっこうに快方にむかわないことで、朝廷がその翌年の997年4月に大赦を発し、伊周と隆家は許されます。12月にはまた京の都に戻ってきました。えー!? と思っちゃいますけど、そもそも死刑のない平安時代の刑罰って、こんなに優しい感じだったんですね。

引きこもっていた清少納言に定子が……

定子がそんな悲惨な状況にいた頃、清少納言はどうしていたかというとですね、定子が母の実家に移ってからは、清少納言もそこには出仕せずに2〜3カ月の間、ずっと自宅にこもってたんです。このとき「清少納言は道長側に通じてる」っていう噂が流れて、他の女房から何となく邪険に扱われたのが引きこもりの理由だったたんですね。わりかし道長ファンであることを普段から隠してなかったのも、ちょっと災いしたんじゃないかと言われてます。

で、しばらく経ってから、手紙が届くんですね。持ってきた女官もなんだか人目を気にしながら清少納言に手渡すんですけど、定子からなんですね。うわ！　って急いで開いたら、和歌が2首。1首目は「山吹の花の色をした衣、誰のだろう？　でも、返事がない。山吹色の染料って〝クチナシ〟ですもんね」と、ご無沙汰の清少納言を茶化しつつ、2首目は「口に出さないような思いは、口に出すのより強いのよ」。つまり、「何も言わないあなたの複雑で強い気持ちは、黙っててもわかってますよ」と、柔らかく伝えてきたんです。何も気にせず出仕しなさいよ、という意味でしょうかね。

清少納言は急いで返事を書いて、勇気を出して何カ月ぶりかで場所が変わった定子のサロンへ出仕するんですね。まあ、周りの女房たちの目を気にしつつ、仕切りに半身を隠しながらおどおどしてたんですが、「あなたは新人か（笑）」と声をかけてきた定子は「以前と変わったところはなかった」と、清少納言は『枕草子』に書いてます。まあ、もろもろの状況から、本当はそんなことはなかったんでしょうけどね。

『枕草子』の定子がキラキラしている理由

実はですね、『枕草子』はこの自宅引きこもりの時期以降に、どどっとまとめて書かれたって言われてます。『枕草子』のあとがきには、「この本は、どうせ誰も読みゃしないわと思って、1人寂しく引きこもってるときにかき集めたものなの。読む人によってはちょっとマズいところもありそうなので、うまく隠して書いたつもりだけど、思いがけないところで世間に出てしまったの」とあるんですね。この「引きこもった」が、この政変のときだって言われてるそうです。

このときに、定子が清少納言のところに極上の紙をどさっと届けたんです。「なんか書きなさいな」っていう意味ですね。以前、宮中にいたときも同じように紙の束を定子からもらったことがあって、どちらも枕のように分厚かったから、それが『枕草子』というタイトルの由来だという説があるそうですね。

そんな『枕草子』の中の定子がひたすらキラキラしてるのは、ほんとにそういう女の人だったけれど、それ以上に「こんな素晴らしい人が、今こんなひどい目に遭っている」という悲しさの反動とか、「こんな素晴らしい人とサロンのことを、ちゃんと書いておかなきゃ」っていう清少納言の使命感みたいな気持ちがそう書かせたんじゃないですかね。『枕草子』は日本初の本格的エッセイですけど、同時に清少納言は定子サロンの広報宣伝部長なんですよね。

定子は身ごもっていた子を、予定日より大幅に遅れて997年12月に出産します。脩子《ながこ》内親王、女の子ですね。一条天皇の初めての子です。周囲に「脩子に会いたい」を連発する一条天皇。ところが、ここでまた問題が。花山天皇のときと同じで、出家したらもう宮中には戻れないんですよ。定子もそれを承知ですから、遠慮して参内しようとしない。そこで、一条天皇は、ギリギリ内裏なのか外なのかわかりづらいグレーな場所を見つけ出して定子をそこに移し、そのまま住まわせるんですね。

案の定、周囲の貴族からはさんざんな批判が湧き起こるんですよ。特にご意見番・藤原実資は『小右記』に「甘く見るんじゃない」「ありえない」と痛烈に書いてます。今のボクらから見れば純愛ですけど、あの頃は世間的にもドひんしゅくを買うやり方だったんですね。

京都・東山にある定子の墓

定子は2年後の999年11月にも、第一皇子の敦康《あつやす》親王を出産します。でも同じ11月、道長の長女・彰子がついに入内するというショッキングな出来事が。彰子、このとき12歳。道長が一条天皇の外祖父を狙って本格的に動き出したんですね。翌1000年、彰子は中宮を号し、先に中宮を号していた定子は皇后宮を号されて、歴史上初めての「一帝・二后」に。つまり、正室が2人になったんです。死んだ道隆兄さんがムリヤリ「皇后」と「中宮」とを両立させたのが、道長にも有利に働いたってわけですね。

しかし、そんな状態も長続きはしなかったんですね。同じ年の12月、定子は難産の末に第二皇女・媄子《びし》内親王を産んだすぐ後、崩御します。これだけいろいろあったのに、まだ24歳だったとは……。お墓は今の京都市東山区今熊野泉山町にある「鳥辺野陵《とりべのみささぎ》」だそうですね。死ぬ直前に詠んだ歌「夜もすがら　契りしことを忘れずは

恋ひむ涙の　色ぞゆかしき」は、『後拾遺和歌集』に収められてます。

しかし、こうなると『光る君へ』の前半のヒロインは、高畑充希さんの定子でキマリじゃないですかね。人生のアップダウンの激しさが何ともドラマチックですし、定子が崩御した頃の紫式部は、まだ夫の宣孝との生活が続いてましたから。

この定子と一条天皇の純愛ぶりを、紫式部が『源氏物語』の初っ端、光源氏の両親の桐壺帝と桐壺更衣の間柄としてそのまんまなぞってるっていう説もあるくらいですからね。高畑さんと塩野瑛久さんがこの2人をどう演じるか、楽しみです。

結局は〝中継ぎ〟だった？　道隆・道兼兄弟

道隆と定子、伊周、隆家の兄弟、あと道兼は、後々「中関白家」と呼ばれるようになります。兼家と道長っていう2大関白の〝中継ぎ〟みたいな意味合いなんですね。

その血を継ぐ敦康親王は、彰子が引き取って養子にして育てています。

でも、実は伊周と隆家、特に武闘派・隆家は、その後大宰府に下って、その地で中国の沿海州から攻めてきた「刀伊」を撃退するという大活躍をするんですよ。『光る君へ』でそこを大きくピックアップするかどうかは、ちょっとわかんないですけどね。

清少納言はというと、定子の崩御をきっかけに宮廷を離れたとされてますが、その後は彰子の女房で女流歌人の和泉式部や赤染衛門（鳳稀かなめさん）とずっと親しくて、和歌の交換なんかをしていたそうです。摂津国——今の大阪府と兵庫県をまたいだ国です——に移って、20歳以上年上の摂津守・藤原棟世《むねよ》と再婚したことと、２人の娘で女流歌人の上東門院《じょうとうもんいん》小馬命婦《こまのみょうぶ》が彰子の女房だったことはわかってます。

ただ、『枕草子』には、その定子崩御後の話が載ってないんですよね。「清少納言も落ちぶれたな」と言う若い衆に「いい馬は骨になっても価値があるものよ」と言い返した、とか、出家してから兄の清原到信《むねのぶ》といっしょにいた時に刺客に襲われ、とっさに裾をまくって自分が女だってことを示したので命拾いした、とかエピソードはあったりします。もっとも、到信は切り殺されたんですけどね。これは出仕を止めてから17年後、１０１７年の出来事です。

平安時代後期から鎌倉時代初めあたりに作られた『清少納言集』には、清少納言が詠ったという40くらいの和歌が入ってるんですけど、たとえば「年老いて、人にも知られで籠りゐたるをたづね出でたれば」みたいな、何だか寂しい老後みたいのが多いんですよ。もっとも、あの頃は「アタマのいい女の晩年はロクなことにならない」という固定観念がすごく強かったらしいから、だいぶ時間が経ってから編集されたこの本と和歌も、ホンモノかどうかはかなり怪しそうですね。

長女・彰子に、懐妊の兆しがない……

順風が吹いたとはいえ、これでタナボタ式に道長の時代が来た、というほど現実はシンプルじゃなかったようです。定子には、御匣殿《みくしげどの》と呼ばれた10歳くらい年下の妹が仕えていたんですね。御匣殿は、死ぬ間際の定子から第1皇女の脩子内親王、第2皇女の媄子内親王、第1皇子の敦康親王の3人を、定子の代わりに育てるよう頼まれたんですよ。

1000年に定子が死んだ後、この3人の子の世話をしているうちに一条天皇に気に入られ、御匣殿は懐妊するんですよ。彰子を始めとした4人の后を差し置いて、ですよ。控えめな美人だったそうですけど、やっぱり姉の定子と顔が似ていたんでしょうかね。喜んだのが、以前に恩赦で流刑地から戻ってきてた伊周と隆家ですよ。自分たちの妹の御匣殿に男の子が生まれれば、彼らにとってまたもやチャンスですからね。

しかし、御匣殿は身重のまま1002年に亡くなります。まだ17歳か18歳くらいだったそうです。

実は、道長は一条天皇と御匣殿の仲に勘づくと、すぐさま第1皇子の敦康親王を引き取って彰子の手元に置いたんですね。もし、彰子がこのまま一条天皇の男の子を産めなかったら、彰子が敦康親王の養母、そして自分が養祖父って形で権力を持とうというわけです。言ってみれば「保険」ですよね。

で、敦康親王を大事に大事に育てるいっぽうで、何としても彰子に頑張ってもらおうと、あれこれ手を尽くすんです。もうこの時点で、道長はやりたい放題ですね。しかし、彰子に懐妊の兆しがいっこうに見えないまま4年、5年経ってしまうんですよ。

紫式部が初めて出仕してきた1006年というのは、実はそんなタイミングだったわけで、とにかく彰子を一条天皇とくっつけなきゃ……という道長の最重要ミッションを、紫式部は見事に果たすことが出来たんでしょうか？

藤原道長は、
疫病で生き残ったから
順番が回ってきた！

第4章

紫式部は見た！道長の素顔と宮廷のウラ側

紫式部、「女の園」彰子サロンに入る

中宮彰子

初出仕でダウンし、3カ月以上引きこもる

30歳くらいだった紫式部（吉高由里子さん）が、初めて中宮彰子（見上愛さん）のサロンへ出仕したのが、1006年の12月29日。大晦日ですね。もうお話しした通り、直接のきっかけは『源氏物語』をどこかで読んだらしい道長（柄本佑さん）の抜擢でしたけど、為時父さん（岸谷五朗さん）の下国行きを上国行きとなるよう取り計らってくれた道長への恩義もあったかもしれませんね。紫式部は30歳くらいだったようです。もう、長徳の変から10年経ってましてね。定子（高畑充希さん）の崩御からも6年。5年前の1001年には、道長の姉の詮子（吉田羊さん）も崩御してます。

紫式部が清少納言（ファーストトサマーウイカさん）みたいにやる気満々で宮廷内に乗り込んだのかというと、どうもそうではなさそうなんです。時の最高権力者にスカウトされたとはいえ、あんまり社交的じゃなさそうなのは前にお話ししてきた通りですし、世間的にも入内することじたい「はしたない」とされてたわけですしね。

仕事は泊まり込みですけど、最初に紫式部がもらった局《つぼね》という1人分のスペースは

狭いうえに、他の女房の誰かとシェアすることもあったんですね。すぐそばを人が行き来するので落ち着かない場所だったそうです。しかも、旧ジャニーズの合宿所じゃないですけど、夜は男が夜這いをかけてくるからなかなか油断ならなかったとか……だから宮中の男女関係があれこれ言われてたんですね。とにかく、慣れない人にとっては疲れる場所だったんじゃないですかね。

で、正月を迎えたところで、その毎年恒例の祝賀の華やかさに、さすがの紫式部も驚いたんですね。そして、疲れた。3日の歌会が終わったら、なぜかそのまま自宅に帰っちゃったんですよ。そのすぐ後に、職場——つまり、彰子サロンですね——の人に手紙を出します。もちろん、詞書《ことばがき》——歌の前書きみたいな一文ですね——と和歌で、ですよ。

最初の和歌は、「憧れていた宮廷に初めて出ていきましたが、今はなんだかあれこれ思いが乱れてて、そんな自分の姿に何だかなあ、という思いです」。で、もう一つが「岩間を閉ざした氷のように、私に心を開いてくださらない方々が、もし打ち解けてくださるなら、氷は解けるのと同じで、私も御所に行かないはずもありません」——何かあったんですかね。

それに返事が来たんですね。「中宮彰子の慈愛は、女房たち全員に等しく注がれていますから、宮中もきっと和やかになりますよ。あなたもぜひいらしてくださいな」が、だいたいの意味です。それでも紫式部は出仕しない。何だか暗ーい、読み方によっては卑屈にへりくだり過ぎた和歌のやり取りが残ってるんですよ。

うつ病があの頃にあったかどうかは知りませんけど、他の女房たちとの間に何かあったようですね。宮中からは、「あのイヤなことを気にしたまま、長いこと来ておられないのですね」という意味の手紙も来てるんですよ。「憂きこと（あのイヤなこと）」が何なのか、今となっては誰にもわからないですけど。

まず思いつくのは、定番のいじめかシカトか。何せ京の都、イケズの本家本元ですからね。それか女房の誰かが、紫式部に何か余計なことを言って、それに過敏に反応しちゃった、とかね。でも、今だったらそれで何カ月も出社拒否とかする人だったら、病気じゃなければ大物新人ですよね。

職場では「惚け痴れ」でいこう

実際、そんな紫式部に「忍耐が足りん」「ナマイキだ」という意味のことを言った人もいたそうです。それに対して紫式部は「わりなしや　人こそ人と　言はざらめ　みづから身をや　思い捨つべき」＝人は私のことを人扱いしてくれない。自分を見捨てずに、大事にするつもりです……という歌を詠んだそうです。なんか相手に引け目を感じてるふうがあるんですよね。

5月くらいになってようやく出仕したんですけど。そのとき紫式部は、女房たちと付き合うときの〝方針〟を決めたんですね。『紫式部日記』で、日にちの順番通り書き込むところとは別のスペース――消息っていいます――に、こんなことが書き込んであるんですよ。

「職場には『わたくしが、わたくしが』と他人をないがしろにする人とも、心ならずもずーっと付き合わなきゃならないこともある。こっちが黙って聞いていると、あっちは自分に敬意を払ってると誤解しているみたい。でも、それは違う。あれこれイチャモン付けられると面倒くさいので、何を聞かれても何も知らぬボケになり切ろうと考えてます」

人付き合いの心得でしょうかね。要するに、人前ではアホなふりをすることにしたんです。「惚《ほう》け痴《し》れ」って言ってますね。何だか東大を出た女の人がこんなことを考えてそうですけど、何せ自分が一番得意な漢学は、女がやってるっていうだけで白い目で見られるから、わたし、漢字の「一」の字すら知りませーんという態度を徹底したんですね、紫式部は。

これが思った以上に効いたんですよ。翌年になると、ひょんなきっかけで同僚の女房たちが口をそろえて紫式部にこう言ったんだそうです。

「こんな人だとは思わなかったわ。気取ってて、とっつきにくくて、物語が好きだからって才女ぶって、歌もうまくて、他人を見下して人とも思わぬ憎たらしい人なんだろうって、あなたが来る前からみんなで噂してみんなでキライになってたのよ。ところが、会ってみたらほんとにおっとりして穏やかだから、人違いかと思ったわよ」

つまり、出仕する前の『源氏物語』の作者だっていう触れ込みが効き過ぎちゃったんですね。女房たちは、人気の作品を鼻にかけた、偏差値高くて高慢ちきのイヤーな女を想像してたんですよ。けっこう当たってたんじゃないかという気もしますけど(笑)。それに、『源氏』を読む人が読めば漢学のすごい教養がちらちら見えるから、「これ書いたの女だよね。え、女が漢学やってんの？　エーッ、なんだかなあ……」って、いきなり引かれてたのかもしれませんしね。女房たちはみんなお育ちがいいから、ゴリゴリ勉強してる人が下品に見えちゃうんでしょうかね。

逆に紫式部のほうは、新年の祝賀の宴とか、中くらいの貴族階級が見たこともないハイソ過ぎる生活を目の前にして、ずっと引け目とかコンプレックスを持っていたんじゃないですかね。ボクらがいきなり正装させられて、上流階級の社交界のパーティーに放り込まれたようなね。まあ、『源氏』の作者だってことで、ちょっとはチヤホヤされるんじゃないかしらーとか妄想してなかったとは言えないですけど。そこはアテが外れたんですね、きっと。もしかしたら、「ゲンジ物語ね。はあ、それで？」ぐらいのことは言われてたかもしれませんけどね。

とにかくお互いに相手にビビり過ぎてた、と。これで他の女房たちと一気に打ち解けられたようです。それにしても、『源氏物語』は宮中でよっぽど多くの人たちに読まれてたんですねえ。

「あなた、今日から藤式部ね」

彰子サロンの女房たちには、紫式部のほかにどんなメンバーがいたんでしょうね？だいたいみんな紫式部と似た中級、つまり真ん中あたりの階級の貴族が多くて、今までお話ししてきた通り教養はバッチリ。ネット上のそれっぽいサイトで勘定すると、彰子のサロンでだいたい30人くらいいたようですけど、入れ替わりもありますから、一度に10人前後とか、それくらいなんでしょうかね。当てずっぽうですけど。

そもそも昔の女の人って、本名がちゃんと書き残されてることがあんまりないんですよ。「藤原某女」とか、「橘某女」とか。紫式部だって、宮中に入ったばかりの頃の呼び名は「藤《とう》式部」。藤原家だから、とか適当な理由でつけたみたいですね。『太陽にほえろ！』（1972～1986年、日テレ系）みたいなもんでしょうかね。「よーし、決まった！　今日からお前はラガーだ」と同じように、「あなた、今日から藤式部ね」って。

この「藤」が「紫」になったのは、『源氏物語』に出てくるたくさんのヒロインの中でも人気のある紫の上から来てるって説が有力だそうですね。名前の下に「式部」がついてる女の人がいっぱいいいますけど、これはお父さんの職名が「式部丞」であることから来てます。役所の人事とか儀式とか教育とかを担当してるセクションですね。

数少ない友達から有名歌人まで

紫式部といっしょに彰子のもとで働いていた女房って、どんな人たちだったんでしょうね。紫式部はやっぱり人付き合いは苦手だったようで、女房の中でもお友達って少ないんですよ。

その数少ないうちの1人が小少将《こしょうしょう》の君、正しくは上東門院《じょうとうもんいん》小少将です。道長の奥さんの倫子（黒木華さん）の姪っ子で、お父さんは倫子の兄弟の源頼通です。紫式部によれば、「なんとなく優雅で上品。見た目もかわいらしくて控えめで、人見知りする」とか。出仕初日、いじめかシカトか分かりませんが、何かしらショックを受けたらしい紫式部にただ1人、マトモに対応してくれた女房だそうですね。『源氏物語』に出てくる、夫の光源氏を裏切って柏木という若い貴族の子を宿す女三宮というキャラは、彼女がモデルだそうです。

小少将と紫式部は、お互いの局の境界線を取っ払って同じスペースで暮らし、「2人の間に秘密なんてない」と女子高生どうしみたいに仲が良かったんですが、けっこう若いうちに死んでしまったんですよね。そのとき日記に書かれた紫式部のガックリぶりがすごいそうです。

その小少将の姉（か妹）の大納言の君も紫式部とは親しくて、よく歌を交換し合ってたんですね。夫が通ってこなくなったので、彰子の女房として働き出したんですが、小少将に似てかわいかったせいか、道長の愛人になってしまうんですね。倫子は親族だからって大目に見ていたそうですが……。

有名どころでは、まず和泉式部ですね。恋愛をうたう天才肌の和歌の達人ですよ。プライベートが自由過ぎて、自分が産んだ3人目の子のことで「父親、誰よ？」と聞かれて答えられなかった、みたいな話も残ってます。わりとお堅い紫式部が『紫式部日記』に「感心しないところはあるが、気軽に書いた恋文の走り書きなんかに才能を感じる」と書いてて、男女関係はともかく和歌の才能には一目置いてたんですね。ただ、紫式部の娘の賢子も、後々大弐三位《だいにのさんみ》という名の女流歌人になるんですけど、私生活はけっこうハデ目だったたんですよね。

赤染衛門（鳳稀かなめさん）は、名前はエモンでも女性ですよ。紫式部より年長の歌人でして、初めに道長の妻の倫子に仕えてから彰子のサロンに来た当時の一流の歌人。「こっちが恥ずかしくなるくらい素晴らしい歌詠み」と、紫式部も尊敬してたそうです。夫が道長から信頼されていた有名な学者の大江匡衡ですね。

伊勢大輔《いせのたゆう》は、これもダイスケという男じゃなくて女性の歌人で、紫式部ともけっこう仲が良かった一人です。毎年、藤原氏の氏寺である奈良の興福寺から彰子に桜が献上されてたんですが、ある年のその取り入れ役を紫式部が大輔に譲ったんですね。で、そのセレモニー中に道長から「なんか詠め」と言われて詠んだのが、百人一首にある

「いにしへの　奈良の都の　八重桜　けふ九重に　匂ひぬるかな」なんですよ。

「定子のほうが、彰子よりよかった」

そんないろいろな女房たちがひしめいていたサロンの元締め、道長の長女である中宮の彰子は、いったいどんな人だったんでしょうかね。

まず、紫式部とは非常にいい関係を結んでいました。入内したばかりの頃の彰子は11歳。小学4年生くらいでしたけど、紫式部が宮中に入った1006年の時点で19歳。もう立派な大人ですよね。最初は他の女房たちに染まってたのか、紫式部はイヤな女に違いないと思い込んでたんですが、例のアホなふりをする紫式部の振る舞いが効いたようで、「あなたとは心を割ってお話しするなんてとてもできない人だと思っていましたけど、不思議ですね。他の女房たちよりずっと仲良しになってしまいましたね」と、何度も紫式部に言うまでになりました。

明るくて快活だった定子と比べると、彰子はおっとりとした性格でして、人に意見を言ったり、女房たちに命令したりということをしなかったんですね。これは、もうちょっと若いときにあった出来事がトラウマになってたようなんです。紫式部は、自分が出仕する前の出来事を他の女房から聞いて、『紫式部日記』の消息にこんなことを書いてます。

「以前、思慮が浅いのに職場で大きな顔をする女房がいて、大事なところで間違ったことを言い散らかすという大失敗をしでかした。中宮様（彰子）はそれをお聞きになり、こんなにみっともないことはない、と身に沁みて感じられたという。まだ幼い頃であられたこともあろう。そんな大きな失敗をするくらいなら、黙って大過なくやり過ごしたほうがいい、とお考えになったのだ。周りの女房たちは子どもっぽいお嬢様ばかりで、そのやり方が合っていたから、サロンが今のような地味で消極的な雰囲気になってしまったのだ、と私は考えています」

失敗が怖くなったから、何もしないほうが無難だと思っちゃったんですね、彰子は。指示無しでも気が利いて、仕事を安心して丸投げできるような女房がいない。となると、育ちのいい他の女房たちも、みんな自分から動かない……みたいな状態だったんですね、彰子サロンは。けっこうスルドイ見立てですよね。彰子はそれだけおとなしくて傷つきやすかったのかもしれませんね。まあ、紫式部が他の女房たちを、やっぱり子どもっぽいと思ってるのがバレてますけどね。

一方、宮中の貴族の男たちの間での彰子の人気はイマイチで、定子サロンのほうがよかった、楽しかったと懐かしむ声がずっと根強かったんですね。特に一条天皇は、定子のことがなかなか忘れられなかったんですね。もうね、純愛一直線ですよ。満でいえば20歳過ぎの彰子が、いつまでたっても懐妊しない原因の一つがこれだったんですね。

紫式部が書いた清少納言へのボロクソ評価

そんな定子サロンと彰子サロンの差が微妙に影響してそうなのが、紫式部の清少納言に対するシビアな見方なんですね。

もうお気付きだと思うんですけど、紫式部と清少納言が宮中にいた時期って、実はカブってません。直に会ったという記録も何も、実はまったく残ってないんですよ。定子が崩御して清少納言が宮廷を離れたのが1000年、紫式部が彰子に出仕したのが1006年ですから、このビッグ2が宮中ではち合わせするのは難しいんです。

前にお話しした映画『千年の恋 ひかる源氏物語』でも、森光子さんの清少納言と吉永小百合さんの紫式部は、同時に宮中にはいたけど、直に会って話をするシーンはなかったですからね。脚本の大石さんは、『光る君へ』でこの大物2人を同じ画面で並ばせるのに、こだわっておられるんでしょうか？　だとしたら、ストーリーにどんな工夫をされるのかを見てみたいですね。

ところが紫式部は、とっくに宮中からいなくなった清少納言を、なんか敵視してるんですよ。もうご存じの方もおられるでしょうけど、紫式部は清少納言のこと、ボロクソにけなしてるんですよ。『紫式部日記』に、こんな感じで書いてます。

「清少納言こそ、したり顔にいみじうはべりける人。さばかりさかしだち、真名書きちらしてはべるほども、よく見れば、まだいとたらぬこと多かり。かく、人にことならむと思ひこのめる人は、かならず見劣りし、行末うたてのみはべれば、艶になりぬる人は、いとすごうすずろなるをりも、もののあはれにすすみ、をかしきことも見すぐさぬほどに、おのづからさるまじくあだなるさまにもなるにはべるべし。そのあだになりぬる人のはて、いかでかはよくはべらむ。

これを翻訳しますと……清少納言こそ、得意顔をしながらとんでもない女だわ。何だか利口ぶって漢文を書き散らしているけれども、よーく読むと勉強不足、知識不足が少なくありませんね。あんなふうに人と会ってばかりいる人は、時とともに必ず劣化していくもので、最後は救いようがなくなるというもの。彼女のように風流を気取るだけの人は、風流とは全然関係ないところで感動したりするようになり、それが重なるうちに、自然と中身のない人間になり下がるのです。そんな人の行く末がいいはずがないでしょう……となるんです。

もう、ケチョンケチョンですよね。大した知識もないのに、チャラチャラしながら人と会って風流ぶってるだけ。なんて中身のない女だってわけです。「一」の字も知らない惚けた紫式部はどこにいったんでしょうかね。自分にはない種類の才能にジェラシーを感じてる、とか、陰キャがパリピを呪ってるだけ、とかいろいろ見方はあるんでしょうけど。

たぶん直接会った事はないはずですけど、清少納言が出仕を止めた後も親しくしてた和泉式部や赤染衛門は彰子の女房ですし、清少納言の娘の上東門院小馬命婦——やっぱり長いですね（苦笑）——も彰子の女房。いた時期も恐らくカブってたでしょうから、その後の清少納言についても小耳にはさんでたかもしれませんよね。

おっとり繊細な彰子を「守ってあげなきゃ」

ケナす理由はいろいろ想像できますよね。まず自分が仕えてる彰子が、定子より下に見られてたのがガマンならない。その定子の〝広報宣伝部長〟が書いた『枕草子』が、定子が死んで10年経っても、まだ宮中で人気の読みものであり続けてるから、いつまで経っても定子を懐かしむ空気を消せずにいるわけです。紫式部のカンに障るのもムリないですよね。

しかし、彰子サロンがイマイチなのは、紫式部が一番よくわかってたようです。「この内裏で、ただの会話の微妙なニュアンスに至るまで趣深い返事をしたり、何気なく風流を口にしたり、素敵な言葉を投げかけられて、それに恥ずかしくない返しができる女房は本当に少なくなったなあ、と貴族の方々は言っておられるようですね。私自身は昔のことは知りませんから、本当かどうかはわかりませんけど」てなことをわざわざ日記に書いてるから、寝ぼけた昔話なんかしてんじゃねえよ、とは一概に言い切れなかったんでしょう。


紫式部は、一回り以上年下で繊細な彰子を「守ってやらなきゃ」って、どこかで決めたんですね。紫式部はそもそも賢いし、来たばかりでもまあ年配だし、『源氏物語』を書いてるっていうリスペクトも周りから受けていたから、だんだんとサロンのリーダー格になっていったんじゃないでしょうかね。

そもそも紫式部が道長から与えられた一大ミッションは、彰子を一条天皇とくっつけて男の子を生ませることと、『源氏物語』を書き続けること。特に1つ目を果たすためには彰子サロン、ひいては彰子本人の魅力をアップさせて、一条天皇の心の中の定子を彰子に入れ替えなきゃいけないんですね。「打倒！　定子」と言ったかどうかは分かりませんけど、それくらいの気持ちでいたのかもしれませんね。

じゃあ、紫式部は何をどうしたのか。実は、そこで他ならぬ『源氏物語』が貢献したと言われてるんですよ。

紫式部と『源氏物語』がキューピットに？

紫式部

道長、彰子の安産祈願のため御嶽詣で

翌1007年8月、道長は足掛け13日間の長旅に出ます。行先は吉野山の蔵王権現、今の金峯山寺。御嶽詣でですね。かつて紫式部の夫の宣孝（佐々木蔵之介さん）がド派手な服装で参拝して『枕草子』にも書かれたところです。

今と違って信仰はガチですから、前もって何十日間も精進潔斎、つまり飲食を慎み、身を清め、穢れを避けておくておくことが必須なんですよ。いっしょに行く公卿・貴族ら16人で、閏5月から仕事の合間に精進所でこれをきちっと済ませておいて、京を出発したのが8月2日。途中で通ったお寺にはお布施をたんまり払い、金峯山の坊さんにはこれまた絹や法服、袈裟やお米など山ほどお供物を施します。

そして道長本人が写経した法華経・弥勒経・阿弥陀経・般若心経を経筒に入れて地中に埋めたんです。で、取って返して8月14日に帰京してます。そのえっちらおっちら大変だった道中は、道長本人が書いた『御堂関白記』に詳しく書いてあります。こ

れ、１０００年以上前の一国の最高権力者が自分で書いた日記だってことで、ユネスコ記憶遺産に登録されてるんです。道長が山頂に埋めたお経も、今は国宝として金峯神社に保存されてるそうですよ。

「男の子を産め」というプレッシャー

……と、信心深いところを道長は見せたわけですけど、もちろん政治上の狙いは一条天皇へのプレッシャーでしてね。登頂した翌11日朝、道長が湯あみしてからまず参拝したのが山上の「子守三所」。参拝の目的が彰子の子宝祈願であることをはっきりアピールしたんですね。もちろん、いっしょに行った公卿や貴族たちから一条天皇にそれが伝わるのは計算済みです。

一条天皇は、彰子には手を出さないことで、将来の天皇が自分と定子の子であり、伊周の甥である敦康親王になるように仕向けてたんですね。もちろん、それでも養祖父として道長が権力を持つことに変わりはないんですけど、道長が「それはダメよ、彰子と男の子をつくりなさいな」とプレッシャーをかけてきたわけです。もうその時点では道長なしでは政治がうまく回らなくなってたから、一条天皇としても道長とはいい関係になっとかなきゃならなかったんですね。一条天皇は、そこで彰子と♡になることを決めたのかもしれませんね。

伊周・隆家が道長暗殺&クーデターを画策？

もう一つ、物騒な話なんですけど、『御堂関白記』の8月12日、詣で11日目の帰り道で、吉野川の水辺に着いたところに手下の源頼光・平維叙《これのぶ》・高階業遠《たかしなのなりとお》が迎えにきた、と書いてるんですよ。頼光は例の酒呑童子とかのバケモノ退治の頼光。維叙はかの平将門を討った平貞盛の息子で、後に平清盛が出てくる伊勢平氏の元祖ですね。この当時は、もうすでに軍事貴族として多くの武者を率いていました。大河『風と雲と虹と』では、平貞盛役の山口崇さんが、加藤剛さんの将門とタメを張ってましたね。

実は、道長が御嶽詣でに出発して7日後に、京では伊周（三浦翔平さん）・隆家（竜星涼さん）のクーデターと道長暗殺の噂が出てたんですよ。どうも警備の手薄な道長の帰り道を襲おうという計画だったとされていて、旅先の道長の消息がすぐにはわからない都では大騒ぎになっていたんですね。道長が察知して呼んだのか、頼光らが先に耳にして駆けつけたのかはわからないんですけどね。

朝廷からは、金峯山に勅使の馬が出たんですけど、道長は無事に帰京。結局、何もなかったので伊周・隆家にもおとがめはなかったんです。もしかしたら、頼光らの軍勢を見て断念したのかもしれませんね。

この御嶽詣での翌1008年、伊周は何事もなかったかのように大臣に復帰して、発言権も持つんですけど、何にせよ、伊周ら中関白家の血筋をわずかでも引く敦康親王を絶対に天皇の座に就かせない、という道長の思惑が見えるんですよね。ただ、長徳の変のときに国家転覆罪みたいな罪で伊周の息の根を止めておけばよかったのに……という考え方は、やっぱり鎌倉以降の武士の発想なんでしょうかね。

紫式部にヘンなあだ名がついたワケ

この御嶽詣での前か後かは定かじゃないんですけど、紫式部がちょっと不機嫌になる出来事があったんですよ。紫式部に「日本紀《にほんぎ》の御局《みつぼね》」っていうあだ名をつけて言いふらしてるヤツがいたんですね。「日本書紀の講師の女房サマ」、つまり上から目線で古典を講義するいけ好かない女っていう皮肉っぽいあだ名です。言い出しっぺは内裏の女房、左衛門《さいもん》の内侍で、なぜかいつも紫式部を目の敵にしていた人らしい。

なんでそんなあだ名が？　となったんですけど、そもそもの始まりが一条天皇だったんですね。なんと『源氏物語』を女房に朗読させて、「これ書いた作者は、相当な漢学の素養があるから、『日本書紀』の講義をしてもらおうかな」と言ったんですよ。それをその内侍が聞きつけたらしいんですね。『紫式部日記』にも、こうあります。

「そいつ、その話を鵜呑みにして、『あの紫式部って、漢学にすっごく詳しいそうよ』と殿上人たちに言いふらし、私に『日本紀の御局』なんていうあだ名をつけたの。笑っちゃいますよね。女房たちの前では漢文を読まぬよう普段から気を付けてるのに、誰がそんな講義をするもんですか」

あ、『日本書紀』って全文が漢文ですからね。ただ、一条天皇の祖父・村上天皇の時代までは、30年にいっぺんくらいの割合で、朝廷が官僚向けに『日本書紀』を説く歴史講義「日本紀講習」を主催していたんですよ。その講師を……って、一条天皇はもちろん半分以上冗談で言っただけのようだし、「漢文が得意」っていう評判は、あの頃の女の人にとってはやっぱり有難くなかったみたいですね。

漢詩はシャレオツよりも政治ネタ優先

ところが、同じ頃に何と彰子が自分から「漢文を勉強したい」と紫式部に言い出したんですよ。これには紫式部もちょっとビックリだったようです。あんなにおっとりしていた彰子様が、自分から何かしたいって言い出すなんて……と。

彰子は紫式部を呼び出して、『白氏文集』を、朗読するだけじゃなくて意味まで解説しろと言ってくるようになったんですね。いや、それはいいんだけど、なんで急に漢学？　今は亡き定子は貴子母さんにしっかり漢学を学んでいたけど、彰子は道長・倫子の両親からは学んでいないはずなんですけどね。で、紫式部はどうしたかというと、やっぱり人の目はめちゃくちゃ気にしてますね。

「『白氏文集』の中の巻第三・第四に当たる『新楽府《しんがふ》』を、他に人がいない合間を縫って、こっそりとお教えしています。秘密ですけどね。中宮様も隠しておられたんですが、帝も道長様も察したようです。道長様は、漢籍の豪華本を作らせて中宮様に献上されました」

えーと、『白氏文集』っていうのは前にもお話しした詩人・白居易の作品集でしてね。前に紫式部が読んだ漢籍のリストを出しましたけど、あの中にも入ってます。けっこう易しいから、当時も人気があったそうです。ただ、『新楽府』はその中でもカタめの政治ネタが多くて、これを学んでも定子サロンのようなシャレオツな会話はあんまり期待できないんですよね。

彰子が漢学を勉強したいと言い出したのは、「日本紀の御局」の話をどこからか伝え聞いたからじゃないかと言われてますね。つまり、一条天皇にもっと接近したい、そのためには漢学を学びたい。それを教わるのに一番いい人が、こんなに身近にいたんだ！　というわけです。一方の一条天皇は、幼い頃から漢学を、その時代のナンバーワンと言われた伊周に教わってました。彰子ももともと知っていたはずですけど、「惚け痴れ」紫式部もそうだということを忘れてたんでしょうかね。その一条天皇に近づきたいと考える彰子なら、政治ネタの多い「新楽府」のほうがいいんじゃないか、と紫式部は考えた……と言われてます。

「新楽府」は、何と言うか民がその正直な声を歌にして、それが役人を通じて帝王の耳に入って、そこから政治が変わるっていうことをイメージした50首なんですね。中身はまあ、カタい。定子のサロンみたいなシャレオツさはほぼ期待できないわけですよ。それも定子&清少納言コンビと彰子&紫式部コンビとの毛色の違いなんでしょうかね。

一条天皇の時代は道長の全盛期ってことばかり言われるから、道長が好き放題やっていたと思われがちですけど、そうでもなさそうなんですよね。「親政」って言葉があって、それは摂政や関白じゃなくて天皇がもろもろを自分で決める政治のことで、一条天皇のおじいちゃんの村上天皇、ひいおじいちゃんの醍醐天皇の時代がそう呼ばれていたんですよ（裏を返せば、藤原氏がまだ道長の時代ほど力が無かっただけってことでしょうけど）。

一条天皇もそれを目指そうとしてて、道長もエグいことをやるときはやるけど、そんなにひどいワガママは言わずに同調してたそうですね。ヒットラーみたいな独裁じゃなく、けっこう幅のある政治を行ったおかげで、ご意見番・藤原実資やイケメンエリート書家の藤原行成みたいな腕のいい実務家がよく働いたと言われています。

一条天皇と道長とのこうしたいい関係の要は彰子ですよね。だから一条天皇が『源氏物語』を読んだことが、彰子が紫式部に教えを乞うキッカケになって、そこから2人が急接近した……このストーリーが本当なら、紫式部は大仕事をしたことになりますよね。

道長、ついに外祖父のポジション獲得！

彰子入内から9年、ついに敦成親王が誕生

彰子が懐妊したのは、1008年の正月でした。気付いたのは、彰子本人じゃなくて一条天皇だったんですね。そもそも皇后は、おまるをスタッフに四六時中チェックされているから、プライバシーも何もあったもんじゃないんですけど、一条天皇は「月のものがない。妊娠したのと違うか？」と彰子にド直球で問い質し、知らせを受けてやってきた道長にも「左大臣（道長）も、中宮の調子がおかしいのを知らんのか」。道長は「御嶽詣でのご利益か……」と涙目だったそうです。このとき一条天皇29歳、彰子21歳。彰子は道長の住まいである土御門殿に移ります。

土御門殿は奥さんの倫子が一族から相続したもので、道長が来てから拡大されて東西約109メートル、南北約220メートルという広大な敷地。その中に、兼家父さんの東三条殿と同じ寝殿造りの建物に池や御堂が並んでいましてね。今の京都御苑のあたりにあったそうですけどね。

9月、道長はそこに僧侶を20人以上集め、宿泊所も設けて昼夜交代の24時間体制で

安産祈願のお経を読み上げさせました。それに「五檀の御修法《みずほう》」という、不動明王を始め五大明王の像を並べてその前で5人の僧侶が祈る密教の修法で祈り続けたんですね。やっぱり、死んだ道隆や道兼や定子の怨霊を怖がっていたんですね。出産予定日が迫るにつれて公卿や殿上人、元女房なんかも泊まり込んでたそうです。

道長や倫子、従姉妹たち、乳母役、産婆役らが几帳で取り囲まれた分娩室の隣の間にいて、そこでも道長が大声で指示を飛ばす。出産を妬んでジャマしにくる物の怪に取り憑かれたという女の子が大声を上げだり、四つん這いで走り回ったり、唸ったりする（トランス状態っていうんですか、こういうのって、その気になっちゃう人がいるんですかねえ……）。紫式部もこのあたりびっちり観察して日記に描写してますね。

9月11日、36時間もの陣痛の後、生まれたのは男の子でした。一条天皇の第2皇子、敦成《あつひら》親王、後の後一条天皇ですね。土御門殿の敷地内のあちこちにいた大勢の人たちは、みな大声を上げて一斉にひれ伏したそうです。

親王にオシッコをかけられ、道長は大喜び

一条天皇の世継ぎを自分の長女が授かった。念願というか宿願というか、それをやり遂げた。彰子の入内から9年経って、悲願の一条天皇の外祖父で摂政というポジションを得た道長は、まさにこの世の春だったでしょうね。紫式部は約1カ月間ほど、昼も夜もなくずっと彰子を見守っていたので、人の出入りはしっかり見ていたんですね。

ですから、道長が昼も夜も関係なくやってきては、寝ている乳母の腕から敦成親王を抱き上げてオーヨチヨチってしてたのもしっかり見てて、『紫式部日記』にも書いてますね。

「あるとき、宮様（敦成親王）が粗相をなさって殿（道長）の衣服を濡らしたこともありました。しかし、殿は衣服の紐を解いて、ご几帳の後ろの火にそれをあぶらせながら、『ああ、この親王様のお小水で濡れるとは、何と嬉しいことよの。この濡れた服をあぶる、これこそが念願がかなった実感があるよ』と何とも嬉しそうでした」

もう天下を取ったんですから、赤ん坊のオシッコをかぶるくらい屁でもないですよね。このとき、道長は43歳でした。

関白にはならなかった最高権力者・道長

いったん権力を握った道長は、そこからずーっと最高権力者のポジションをキープし続けるんですね。ただ、ちょっとわかりにくいのが、摂関政治とか言いながら、道長って関白より下の左大臣の座に長いことといたまま、トップの関白には一度もなってないんですよ。摂政と太政大臣は1年くらいやってすぐ辞めてます。その代わりに、前にちょっとだけお話しした「内覧」という、太政官から天皇に上がってきた公文書を天皇より前に見ることができる権限、それと公卿のトップという意味の「一上《いちのかみ》」という権限、この2つを持ってました。それが道長の力の源となったんですね。ただちょっとややこしいので、これ以上そのメカニズムとかに踏み込むのはやめときます。

「オレは貧乏だから」北を向いて手を洗う

道長は政治家としてすごく優れていたけど、学者タイプじゃなかったみたいで、漢学は得意じゃなかったんです。道長の子孫に「どうしても漢学を学んでレベルを上げたい」という人がいて、お寺に願掛けに行こうとするんですけど、それを家族が「道長様や息子の頼通様だって、漢学が得意じゃなくても立派になられたでしょう」みたいなことを言って止めさせるんですよ。子孫にまで不得意科目が言い伝えられてたんですね。

道長の風貌や人柄についても、エピソードがけっこう残っていましてね、鼻が真っ赤だったんだそうですよ。鼻と、頬骨のあたり。息子の頼通がそう言ってたっていう証言があるそうです。うーん、そうなると赤鼻の光源氏はちょっと想像したくないですから、少なくとも顔かたちについては光源氏のモデルではなさそうですね。『紫式部日記絵巻』に描かれた道長はかなりの男前だそうなんですけどねえ。ちなみに、ライバル・伊周も男前でモデルの一人だって言われてますけど、色白のぽっちゃり型。どうも昔と今とでは、イケメンの感覚が違うのかも知れませんね。

道長は馬が好きで、馬の献上品が全国からバンバン贈られてきたそうです。土御門殿には自前の馬場が作ってあって、そこで競馬《くらべうま》を楽しんだそうです。といっても今の競馬場みたいに何頭もいっせいに走る楕円形のじゃなくて、2頭が走る一直線のもの。片方を先に走らせ、もう片方が追い付くかどうかを競ったんだそうです。

ちょっと面白いのが、手を洗うときは必ず北を向いて洗ったっていうこと。息子の頼通がそう証言してるそうですね。他の方角を向いて洗ってる時でも、周りが濡れるのにもお構いなしに北を向いて洗ったんだそうです。理由が何だかおかしくて、「若い頃は貧乏だったから」。北を向いて手を洗うと裕福になる、ということらしいんですけどね。道長が貧乏で四畳半に住まなきゃならないような時代なんてあるわけないですから、よくお金持ちが「オレんち貧乏だからさ」って周りに言うようなものかもしれないですね。「そんなことないでしょう」って突っ込んで欲しい、みたいな。

「ここらへんに若紫さんはいるかーい？」

さて、話をまた敦成親王の誕生のところまで戻しますね。祝賀ムードはしばらく続きまして、10月16日には一条天皇の土御門殿への行幸。3カ月ぶりに彰子と対面しました。敦成の生誕50日の祝賀パーティーも、この土御門殿で盛大に行われてます。

宴は多くの貴族が集まって日が暮れてからぼちぼち始まったんですが、一条天皇に娘を入内させてる他の貴族、右大臣の藤原顕光《あきみつ》や内大臣の藤原公季《きんすえ》も、自分の娘を皇后にすることをあきらめた、ある意味「道長の軍門に下った」形で出席してたんですね。まあ、夜が更けるにつれてかなりの乱痴気騒ぎが繰り広げられましてね。酒癖の悪さで有名だった顕光は、酔っぱらって几帳の綴じ目を引きちぎって女房たちにじゃれついてたので、「年甲斐もない」とドひんしゅくを買ってました。

と、イケメン四納言の1人、藤原公任——兼家父さんに「娘さん、いつ皇后になるの？」とイヤミを言って、後でリベンジされた町田啓太さんですね——が、簀の子敷から廂の間をのぞいて、「おーい、ここいらに若紫さんいるかーい」とその場にいた女房たちに声をかけたんですよ。

若紫は、『源氏物語』の登場人物の中でも特に人気の高い美人、紫の上の幼名ですね。公任、自分はイケてると思い込んでるフシがありましたから「あ〜ら、いいオトコね。光源氏みた〜い」「お待ちしてましたわ〜」って騒いでくれるんじゃないかとひそかに期待してたんでしょうね。キャバクラじゃねーって。

まして、その場にいたのは紫式部本人ですよ。紫式部は心の中で「光源氏になんか足元にも及ばない男ばっかりの場所に、紫の上なんかいるわけないじゃないの」と毒づいて、公任をシカトするんですよ。

『源氏物語』のファンは、宮中のあちこちにいるんだなあということがわかるエピソードではあるんですけど、道長が紫式部に書かせてることや、一条天皇と彰子がファンであることはみんな知ってるんですから、最高権力者のオススメ本は、そりゃみんな頑張って読みますよね。で、何かのときに道長とお近づきになるときに役立つかもしれない的なスケベ心は当然、働くでしょうから。紫式部はそのあたりもきちんと見抜いていたんだと思いますよ。

彰子、『源氏物語』豪華本を一条天皇にプレゼント

彰子は翌1009年11月、早くも2人目の男の子、敦良《あつなが》親王（後の後朱雀天皇）を産むんですね。またもや祝賀ムードですよ。その月の17日に宮中に復帰することになってから、彰子は紫式部に本の製作を命じます。何の本かっていうと、他ならぬ『源氏物語』の豪華本なんですよ。和歌集や漢籍ならともかく、物語の豪華本って当時としちゃ斬新だったんじゃないですかね。今ならマンガの豪華本もそんなに珍しくないですけどね。

『紫式部日記』には、紫式部が自分でやってたその作業を、こんな具合に書いてます。

「夜が明けると、ひとまず中宮の御前に出て、紙は色とりどりがある中から選び、物語の原稿と清書の依頼の手紙を添えてしかるべきところに配ります。また、清書して返送されてきた完成ページを綴じ合わせて一冊の本に仕上げます。昼も夜もその作業ばかり」

その作業に産後明けの彰子がずっと付き添っていて、そこに道長がやってくるんですよ。「体が冷える時期なのに、なんでこんな作業を……」とか彰子に言いながら、上物の薄葉紙や筆、墨、さらに硯まで持ってくるんですね。彰子がそれを紫式部に進呈すると言うと、「もったいないなあ……」と道長がぶつくさ。紫式部に「お前ってヤツは、うわべはおとなしくかしこまってるのに、ちゃっかり贅沢品は持っていくよなあ」。確かにすべて紫式部のものになるんですけどね。

道長の『源氏物語』そのものへの熱意がホンモノだな、ということと、彰子が宮中に戻るまでに完成させなきゃ、という気持ちが見えますね。恐らく一条天皇へのプレゼントだったのだろう、と言われてます。

一晩中、紫式部の部屋のドアを叩き続けた道長

ところで、今さらですけど紫式部と道長は、本当に男女関係はなかったんでしょうかね？　『紫式部日記』には、道長がしょっちゅう登場しますけど、もちろんズバリ

「つき合ってます♡」っていう文章はないですから、推測か妄想するしかないんですけどね。

あるとき、彰子のすぐ前に『源氏物語』が置いてあって、道長がそれを読んで軽口を叩いたついでに、目の前に出されていた梅の実の敷き紙を手に取って、そこに即興で和歌を書き込んだんですね。

すきものと　名にし立てれば　見る人の　折らで過ぐるは　あらじとぞ思ふ

それに紫式部が返した歌が、

人にまだ　折られぬものを　たれかこの　すきものぞとは　口ならしけむ

これはですね、道長が目の前の酸っぱい梅の実＝酸《す》き物に引っかけて「あんな『源氏物語』を書くようなお前はスキモノだって評判だから、口説かずに見過ごす男なぞおらんだろうと思うが、そこはどうよ？」と紫式部に問いかけて、紫式部が「あら、わたくしには殿方との経験などございませんのに、どなたがスキモノなどとおっしゃってるのやら。心外ですわ」と返したわけです。

まあ、道長が「オレとヤらない？」を遠回しに言ったのを、「私、経験ないから」ととぼけてかわしたってことなんですけどね。道長は女房たちによくこうやって絡んでいくらしくて、和泉式部や清少納言とのこういうやり取りも残ってるそうですね。

もうちょっと危険な香りがするのが、紫式部が宮中の渡殿で寝ていた夜中に、誰かが外から戸を叩く音がして、怖くて声も出さずに朝を迎えたんですが、そこにこんな歌が届いたんですね。

夜もすがら　水鶏《くひな》よりけに　なくなくぞ　真木の戸口に　たたきわびつる

で、それへの返しが、

ただならじ　とばかりたたく　水鶏ゆゑ　あけてはいかに　くやしからまし

戸を叩いてたのはもちろん道長で、「戸を叩くような鳴き声のクイナ（渡り鳥の一種）みたいに、夕べは戸を叩いたのに、開けてくれないからオレは泣いてたんだよ」。紫式部の返しは、ただ事じゃない叩き方だったけど、本当はほんのちょっとの間の出来心じゃないの？　私が戸を開けたら、ただならぬことをするつもりだったんでしょ？あー、開けてたらどんなに後悔していたか」。

うーん、男が仕掛けて、女がソデにする。ただのお約束のやりとりにも見えるし、女が本気でイヤがってるようにも見えるし。道長、その日たまたまムラムラしちゃったんでしょうかねえ。やっぱり危ないヤツかもしれませんね。

またもや道長を呪い殺そうと……伊周、ついに力尽きる

翌1009年2月、またもや伊周ですね。中関白家の一派が道長と彰子、そして敦成親王を殺そうと呪詛していたことが発覚したんですよ。定子の遺した敦康親王をダシに一発逆転を狙おうっていうわけですが、今度もあえなく失敗しましたね。これだ

け何度も道長をつけ狙って、しくじって、罰を受けて、許されて、で、またやるんですかね。さすがに一条天皇ももうこの義理の兄をかばいきれず、宮中への出入りを禁じました。

光源氏のモデルの一人とされるイケメンで、漢学にかけては当代一とも言われ、義理の弟の一条天皇とも親密だった男ですけど、翌1010年明けには、父・道隆と同じ糖尿病で衰弱してゆきます。死ぬ間際、娘たちには「お前たちを女房に欲しいという者は大勢いるだろうが、そうなったら末代までの恥だ」、息子の道雅《みちまさ》には「世間に尻尾を振ったり、他人の家来になるような真似をしたら生かしてはおけん」ときつい遺言を遺して正月29日に死亡。37歳でした。娘は彰子の女房衆に加わり、道雅は数年後に醜聞で処分され、その後はかなり荒れた私生活を送ったと言われていますね。

伊周が死んだことで、敦康親王の目ぼしい後見人はいなくなりました。これで道長には目立った敵がいなくなったわけです。この世の春とはまさにこのときの道長のことでしょうね。もっとも、かの「この世をば　我が世とぞ思ふ　望月の　欠けたることも　なしと思へば」を詠むのはもう少し後の1018年、三女の威子が後一条天皇の中宮に入り、次女の妍子が皇太后、彰子が大皇太后と、「三后」をすべて自分の娘で占めることになったときですね。

それを祝う宴席で道長が詠んだのを書き留め、今に残したのは、ご意見番・藤原実資でした。実資に返歌を求めて道長がこれを詠んだら、実資が「優美な歌だね。オレも返しようがないよ。この歌をみんなで唱和するのはどう？」と同席者に呼び掛けて、みんなで唱和したんだそうです。

ちなみに、ついに天皇の座に就けなかった定子の遺児・敦康親王は、この年の1月に薨去していますね。まだ20歳でした。

エピローグ

越後で病死した紫式部の弟

1010年、紫式部に不幸が襲います。弟の惟規（高杉真宙さん）が旅の途中に、病で命を落としたんですよ。越後守になった為時父さんが老齢だからいっしょに行ってあげなきゃ、と職を辞して越後に向かったんですね。辞世の和歌を書きながら、最後の1文字を書ききれずに事切れたとか。為時父さんが最期を看取ったそうです。紫式部が『紫式部日記』を書き始めたのは、その年の夏から秋にかけてだそうですね。

それとほぼ同じタイミングで、一条天皇が重い病にかかり、三条天皇に譲位してすぐ、1011年6月に崩御したんですね。32歳でした。

ところが、このときに思わぬギャップが露わになっちゃうんですね。彰子はどんどん病が重くなっていく一条天皇を純粋に心配して尽くしていたのに、父親の道長ははっきり言ってウキウキしてたんですね、次の三条天皇の代の体制どうしようかなー、と。しかも、「早く譲れよな」とばかりに、一条天皇にプレッシャーをかけ続けてたのは道長その人でしたからね。

彰子が道長にタテつくようになった理由

しかも譲位のとき、彰子はそれを決める話し合いの場からわざと外されて、完全にカヤの外だったんですよ。しかも養子として我が子同様に大事に育てていた敦康親王が天皇になる道を、完全に閉ざされてしまったんですね。

ここでなんかがプチッとキレたんじゃないですかね、彰子の中で。年端もいかぬうちから親の都合で宮中に放り込まれ、プライバシーのない中で子づくりのプレッシャーと戦いつつ、我慢して我慢してやっと一条天皇の寵愛を受けたのに、その死に際にわたし、何もできないんですかお父様、という具合にね。

で、彰子はそこから道長の言うことに逆らうような動きを見せ始めるんです。たとえば、1013年に道長やその嫡男・頼通が準備を進めていた宴会を、「費用も掛かるのに、道長が来るからみんなイヤイヤ付き合いで顔を出してるだけ」という貴族たちのホンネを理由に独断で中止にしてしまったり。道長は激怒したんですが、彰子はガンとして言うことを聞かなかったんですよ。
かつて紫式部が、彰子への漢学の講義で使ったテキスト『新楽府』は、民の声を帝王が聞いて実際の政治に生かすための漢詩集でしたから、それが効いた、というか効き過ぎたんでしょうかね。

1016年に長男の敦成親王が後一条天皇として、その次には次男の敦良親王が後朱雀天皇として相次いで即位し、彰子は30年弱の間、国母《こくも》――天皇の母、国民の母って意味です――の地位を独占し、国中からの尊敬を集めたそうですよ。紫式部が心配してた頃の、おっとり控えめな彰子とは別人みたいですよね。

「彰子の女房でデキる奴が1人いる」

彰子がどんどん変わっていくのを脇でずーっと見てきた紫式部は、徐々に道長という「殿」ではなく彰子がご主人様だとひそかに考えるようになっていったのも、ごくごく自然の成り行きだったんでしょうね。道長に媚びないご意見番・藤原実資とも仲良くなるのもその一つで、彰子の女房たちとも接触が増えた実資が、「名前はわからないが、彰子の女房にデキる奴が1人いる」と記録しているのは、恐らく紫式部だろうとも言われてます。

紫式部は道長が出家して、嫡男の頼通が関白となった1019年まで彰子に仕えていたことが記録に残っていますが、それを最後に歴史からは消えちゃうんですね。その後のことは、清少納言と同じようにほとんどわかっていないそうです。

ただ、言うまでもなく『源氏物語』はこれまでも、これからも残り続けるんでしょうね。ボクもいっぺんちゃんと全部通して読まなきゃいけませんかねえ、やっぱり。

紫式部は、『源氏物語』で、
見えない大仕事をしてた!?

おわりに

さて、ざっと見渡してみましたけど、『光る君へ』は紫式部本人と藤原道長の2人の関係がまずあるわけですけど、実際に2人が絡んだ痕跡って、それほど残ってはいないですから、ここは大石静さんの自由奔放な脚本を楽しみにしたいですね。

道長を光源氏と重ねるようにして『源氏物語』を劇中劇で使う、かどうかはわかりませんが、ミヤビで華やかな宮中で展開するドロドロの政治劇とバイオレンス、さらに呪術・怨霊の世界みたいなのがどんな具合に表現されるのか……。これまでの大河にはなかった新しい見どころポイントが、すごくたくさんあると思うんですよ。

そのうえで言いたいんですけど、ボクは何十年も大河ドラマを観続けてきましたけど、ここ何年かは、全体の印象が朝ドラに近くなってるのが多いですね。特に『青天を衝け』とか『花燃ゆ』(2015年)がそうでした。明るいといえば明るくて、背景が爽やかな麦畑、とか。重厚なベテランをずらっと並べて、ぎっしりいろいろ詰め込んだ大河は、『葵 徳川三代』(2000年)が最後だったとボクは思ってるんですよ。もっとも『麒麟がくる』は、昔の大河にわりと近いオーソドックスなドラマで、長良川の合戦シーンなんかは大きなスケールで描いてましたけどね。

歴史上の事実を、そのままなぞらずにいろいろ脚色したほうが面白いのは十分わかってますけど、ボクは「あ、こんなことも出来るんだ！」「へえ、この時代ってこういうこともあったんだ」っていう具合に、面白い事実で見るほうの「へえ！」を刺激するようなドラマが好きなんですよ。『光る君へ』も、思わず「へえ！」を連発しちゃうようなドラマにしてほしいなあって思っています。

これまでに描いたことのない時代を、1年間どんなふうに描いていくんでしょうかね。この本を手に取っていただいて、みんなでいっしょに楽しみましょう！

松村邦洋

略年表

入内＝中宮・皇后候補の正式な宮中入り　昇殿＝清涼殿の殿上間に上がること
出仕＝民間から官職に就くこと　崩御＝天皇・皇后・皇太后・太皇太后の死亡
薨去＝皇族・三位《さんみ》以上の人の死亡

西暦	年号	天皇	道長の年	道長の官職	紫式部／道長の主な出来事	紫式部／道長の主な出来事
966	康保3	村上	1		道長、藤原兼家の五男として生誕	清少納言生誕？
969	安和2	冷泉／円融	4			道長の父・兼家、中納言に
974			9			清少納言、父の赴任地・周防の国に下向
978	天元元		13		970年代中頃、紫式部誕生	兼家右大臣に　清少納言帰京 詮子入内
980	天元3		15		正月、道長叙爵（従五位下）	道長母・時姫逝去 6月、懐仁親王（一条天皇）生誕
981		円融	16			清少納言、橘則光と結婚

982		←	17			清少納言、長男・則長を出産
983	天元6／永観元	←	18	侍従		
984	永観2	円融／花山	19	右兵衛権佐	4月、東宮に昇殿	
986	寛和2	花山／一条	21	蔵人↓少納言兼左少将	2月、道長昇殿 6月、道長改めて昇殿 11月、禁色	6月、花山天皇出家／一条天皇即位、兼家摂政 7月、居貞親王立太子
987	永延元	→	22	兼左京大夫	12月、道長、源倫子（正室）と結婚	
988	永延2	一条	23	権中納言		
989	永祚元	一条	24	兼右衛門督		2月、道隆内大臣
990	正暦元	←	25	兼中宮大夫		5月、道隆摂政 7月、兼家薨去、10月、定子中宮

西暦	年号	天皇	道長の年	道長の官職	紫式部／道長の主な出来事	紫式部／道長の主な出来事
991	正暦2	一条	26	権大納言		2月、円融院崩御 9月、詮子出家し東三条院に　清少納言、離婚
992	正暦3		27		正月、倫子が頼通を出産	清少納言、この頃再婚＆長女・小馬命婦出産
993	正暦4		28		明子が頼宗を出産	4月、道隆が関白に 清少納言、定子に出仕
994	正暦5		29		3月、倫子が妍子を出産	5月、東宮皇子敦明誕生 8月、道兼右大臣、伊周内大臣
995	長徳元		30	兼左近衛大将 内覧 右大臣	明子が能信を出産 6月、氏長者	疫病大流行 4月、道隆が死去　5月、道兼が死去 この頃清少納言、『枕草子』執筆開始
996	長徳2		31	左大臣	6月、倫子が教通を出産 紫式部、父の越前守赴任に伴い下向	正月、伊周・隆家が花山天皇を襲撃し 4月に流罪の勅命 5月、定子が出家 7月、公季の娘・義子が入内 11月、顕光の娘・元子が入内 12月、定子が脩子内親王を出産

997	長徳3	32	道長、夏に病で悩む 紫式部、藤原宣孝との結婚のため帰京	12月、伊周が帰京
998	長徳4	33	11月、頼通が殿上に	2月、道兼の娘・尊子が入内
999	長保元	34	2月、彰子が着裳（成人） 11月、彰子が入内、女御に 12月、倫子が威子を出産 紫式部、賢子を出産 （1001年までの間）	12月、定子が敦康親王を出産
1000	長保2	35	2月、彰子が中宮に	2月、定子が皇后宮に
1001	長保3	36	12月、紫式部の夫・宣孝が死去 約1年で『源氏物語』執筆開始	1月、定子が媄子内親王を出産、その後崩御　清少納言、宮廷離れる 閏12月、詮子が崩御

西暦	年号	天皇	道長の年	道長の官職	紫式部／道長の主な出来事	紫式部／道長の主な出来事
1003	長保5	一条	38		2月、頼通が元服	
1005	寛弘2		40		8月、明子が長家を出産 10月、浄妙寺三昧堂が落慶	11月、伊周朝議に参加
1006	寛弘3		41		12月、教通・能信が元服、法性寺に五大堂建立 紫式部が彰子に出仕↓翌年5月まで自宅に引きこもる	3月、東三条第で花宴
1007	寛弘4		42		正月、倫子が嬉子を出産 8月、金峯山詣で、金銅経筒を埋納 12月、浄妙寺多宝塔落	3月、土御門第で曲水宴
1008	寛弘5		43		7月、『紫式部日記』記述開始 9月、彰子が敦成親王を出産、紫式部に「新楽府」学ぶ 一条天皇『源氏物語』読む 彰子、『源氏物語』新本?制作	2月、花山院崩御

1009	寛弘6	←	44		頼通、隆姫女王と結婚 11月、彰子が敦良親王を出産	和泉式部、彰子に出仕 2月、伊周ら彰子・敦成親王への呪詛が発覚、朝参停止
1010	寛弘7		45		2月、妍子、東宮妃となる 夏～秋『紫式部日記』執筆	正月、伊周死去
1011	寛弘8	一条／三条	46	内覧	2月、紫式部父・為時越後守に弟・惟規死去 6月、敦成親王、立太子 8月、道長関白を固辞し内覧になる、妍子が女御に	6月、一条院崩御 8月、娍子が女御に 10月、冷泉院崩御
1012	長和元	三条	47		2月、妍子が中宮に	4月、娍子皇后
1013	長和2		48		7月、妍子が禎子内親王を出産	
1015	長和4	←	50	准摂政	10月、50歳の算賀　摂政に准じ除目・官奏を行う	
1016	長和5	三条／後一条	51	摂政	7月、土御門第が焼亡 12月、左大臣を辞任	正月、敦明親王立太子

西暦	年号	天皇	道長の年	道長の官職	紫式部／道長の主な出来事	紫式部／道長の主な出来事
1017	寛仁元	後一条	52	太政大臣	3月、摂政を辞任。頼通摂政に	5月、三条院崩御 8月、敦明親王、東宮を辞し敦良親王が立太子
1018	寛仁2		53	（辞官）	正月、後一条天皇元服、彰子大皇太后に 3月、威子が入内 10月、妍子皇太后、威子が中宮に	12月、敦康親王が薨去
1019	寛仁3		54	（出家）	5月、准三宮 12月、頼通関白 紫式部この年まで彰子に仕え、以後資料なし	4月、刀伊の入寇
1020	寛仁4		55		3月、無量寿院が落慶	
1021	治安元		56		2月、倫子が出家	

1022	治安2	←	57		7月、法成寺金堂が落慶	7月、後一条天皇、法成寺行幸
1025	万寿2	←	60		7月、寛子薨去 8月、嬉子薨去	清少納言、死去？
1026	万寿3	←	61		正月、彰子が出家、上東門院となる	
1027	万寿4	←	62		5月、顕信薨去 9月、妍子崩御 12月4日、道長薨去 7日、鳥辺野で葬送、木幡に埋葬	11月、後一条天皇、法成寺行幸

●主な参考文献

山本淳子著　『源氏物語の時代　～一条天皇と后たちのものがたり』朝日新聞出版
『紫式部ひとり語り』KADOKAWA
川村裕子著　『王朝生活の基礎知識　古典のなかの女性たち』KADOKAWA
木村朗子著　『平安貴族サバイバル』笠間書院
繁田信一著　『殴り合う貴族たち』KADOKAWA
『天皇たちの孤独　玉座から見た王朝時代』KADOKAWA
『平安貴族 嫉妬と寵愛の作法』株式会社ジー・ビー
『孫の孫が語る藤原道長 百年後から見た王朝時代』吉川弘文館
藤原道長／繁田信一著
『御堂関白記　藤原道長の日記』KADOKAWA
倉本一宏著　『藤原道長の権力と欲望 「御堂関白記」を読む』文春新書
『藤原氏―権力中枢の一族』中公新書
『平安朝 皇位継承の闇』角川選書
橋本義彦著　『平安貴族』平凡社
島内景二著　『新訳 紫式部日記』花鳥社
今井源衛著　『人物叢書　紫式部』吉川弘文館
山中 裕著　『人物叢書　藤原道長』吉川弘文館
服藤早苗著　『人物叢書　藤原彰子』吉川弘文館
服藤早苗・高松百香編著
『藤原道長を創った女たち 〈望月の世〉を読み直す』明石書店
澤田雅子著　『新装版 人と思想174 紫式部』清水書院
大和和紀著　『あさきゆめみし（1～7巻）』講談社漫画文庫
D・キッサン著　『神作家・紫式部のありえない日々（1～3巻）』一迅社
酒井順子著　『平安ガ～ルフレンズ』KADOKAWA
入江敦彦著　『イケズ花咲く古典文学』淡交社
朧谷 寿著　『NHKさかのぼり日本史⑨平安
藤原氏はなぜ権力を持ち続けたのか』NHK出版
神谷正昌著　『皇位継承と藤原氏　摂政・関白はなぜ必要だったのか』吉川弘文館
鈴木哲・関幸彦著
『闘諍と鎮魂の中世』山川出版社

松村邦洋
まさかの「光る君へ」を語る

2023年12月13日　第1刷発行

著者　　松村邦洋

発行者　　鈴木勝彦

発行所　　株式会社プレジデント社
〒102-8641
東京都千代田区平河町2-16-1平河町森タワー13階
https://www.president.co.jp/
https://presidentstore.jp/
電話：編集(03)3237-3732　販売(03)3237-3731

編集　　桂木栄一

編集協力　　西川修一

撮影　　大沢尚芳

イラスト　　森田 伸

装幀　　仲光寛城(ナカミツデザイン)

制作　　関 結香

販売　　高橋 徹　川井田美景　森田 巌　末吉秀樹　庄司俊昭　大井重儀

印刷・製本　　TOPPAN株式会社

ISBN 978-4-8334-2522-3

Printed in Japan
落丁・乱丁本はおとりかえいたします。